U0466367

科幻电影中的科学 ▷

科学家奶爸的
AI 手绘

王元卓 陆 源◎著

科学普及出版社
·北京·

序

  自《流浪地球》等科幻电影热映以来，观众对电影中的科幻元素愈发好奇，这些科技是真实存在的吗？人工智能（AI）是智能时代的核心科技，是当前的热点，介绍 AI 的各类书籍有很多。如果你想和孩子一起了解科幻电影中的知识、共同探索 AI 世界中隐藏的奇妙规律，那你一定无法拒绝这本充满童真、童趣的 AI 科普手绘书。

  《科幻电影中的科学：科学家奶爸的 AI 手绘》的作者王元卓，是中国科学院计算技术研究所的一位研究员，是我的同事。在繁忙的工作之余，他也是一位热爱科学传播的作者，是两个活泼可爱、聪明伶俐的女儿的超级奶爸。2019 年春节，他与家人观看了《流浪地球》后，由于两位女儿对电影情节的好奇，他选择用手绘图的形式给女儿讲解电影中的科学知识。随着 6 幅手绘图在网上广为流传，去年他出版了《科幻电影中的科学》系列的第一部作品《科学家奶爸的宇宙手绘》，获得了很多成人和孩子的积极反馈。读者阅读书中科学知识产生的天马行空的思考，更坚定了作者把科普进行下去的决心，这也是第二本书的由来。

  本书从《钢铁侠》《阿凡达》和《头号玩家》这 3 部经典科幻电影中，精心选择了小读者最关心的 30 个问题，尝试以科幻电影为载体，通过手绘的形式，向大众普及 AI 领域的科学知识，在精美的手绘和文字介绍的引导下，培养孩子们的科学思维，激发更多人，尤其是孩子们对科学问题的思考。

手绘是知识可视化的绝佳形式，通过巧妙选择、层层递进的知识科普，小读者脑海中的疑问自然而然有了初步的解答。因此，本书具有非常独特的视角，从儿童的角度提出问题，通过奇妙的手绘和形象的类比给出解释，在小读者心中播下科学的种子，让他们有动力去深入探索自己感兴趣的知识。

作为适合亲子阅读的科普读物，书中涉及的 AI 专业知识被解释得通俗易懂，能让许多孩子与家长共同沉浸其中，循序渐进地获取知识、感受科学的奥妙。不仅激发孩子的兴趣和好奇，在孩子心中初步建立科学的形象，还能使家长与孩子进行亲子互动、加深与孩子的感情。

科普需要热情，而热情往往来源于生活，同时又能启发生活。作为一名父亲，作者惊喜于两个女儿对科幻电影中科学知识的好奇与向往，把深奥的科学知识用手绘图这样可爱的形式一点点解释给她们。蕴含在一幅幅手绘图背后的，不仅是奇妙的科学知识，还有一位父亲对孩子深沉的爱。在孩子了解世界奥妙的成长道路上，作者努力承担起引导者的责任，陪伴孩子一同成长。

所以，本书不仅是科普读物，更是给孩子成长中的珍贵礼物。本书最为宝贵之处，不仅是让晦涩的科学知识变得灵动，更是作者真正走进了孩子的内心世界。他的这本书一定是独特的，值得成人和孩子一起阅读，期待这本书给小读者打开 AI 之门，激励他们长大后用自己的聪明才智，把想象中的技术变为现实。

中国计算机学会理事长
中国工程院院士　孙凝晖
2021 年 6 月 16 日

心心创作，6岁

作者介绍

王元卓，博士，中国科学院计算技术研究所研究员，博士生导师，中科大数据研究院院长，中国科普作家协会副理事长，中国计算机学会理事、杰出会员，中国计算机学会科学普及工作委员会主任，信息技术新工科联盟大数据与智能计算工作委员会主任，中国科幻研究中心特聘专家。主要研究方向：大数据与人工智能，发表学术论文200多篇，获授权发明专利60多项，已出版《开放网络知识计算》《社交网络演化计算》《隐私数据泄露行为分析》等5部专著，曾获得国家科技进步奖二等奖。他被誉为"硬核科学家奶爸"，因长期致力于科普工作，2019年被评为科普中国"十大科学传播人物"，2020年入选"最美科技工作者"，他的家庭2021年入选"首都最美家庭"和"全国最美家庭"。

前言

2020年5月，《科幻电影中的科学》系列的第一本书《科学家奶爸的宇宙手绘》出版，上市不到一个月就完成了第2次印刷，并入选全国科普日"科普阅读联合行动"向公众推荐的百部优秀科普作品、2020年中华优秀科普图书榜年度榜单。很多素不相识的读者朋友买了这本书，专程来找我签名，和我交流他们的阅读体会，这让我非常感动，也让我真正感受到了用心做的科普作品是多么受读者的喜爱。

2020年是极不平凡的一年，很多活动都由线下转到了线上，我也受到中国科学院科技创新发展中心（北京分院）、中国儿童中心、首都大讲堂、中国科学技术馆、中国科普作家协会等的邀请，在中国科学院公众科学日、中国科学院科技创新发展中心第三届科学传播月、全国科普日等大型科普活动中进行了多场在线授课和直播。这些在线活动的累计在线观看量超过了1500万人次，这是我之前万万没有想到的。

这期间我先后当选了中国科普作家协会副理事长和中国计算机学会科学普及工作委员会主任，广泛的社会认同让我更加坚定了在从事科技创新工作的同时，把科普工作坚持做下去的决心。我也开始深入地思考，科学家应该如何进行科学普及工作，我应邀在中国科普作家协会年会上作了主题报告《科学家与科学普及》，希望在理论与实践层面推动对这一问题的深入探讨。同时，作为计算机专业的科研工作者，我对当前面向青少年普及计算机相关科学知识的现状做了调研和思考，在《中国计算机学会通讯》和《科普时报》发表了有关计算机科学普及思考的文章。这些工作使我对推进《科幻电影中的科学》系列手绘创作的决心更加坚定，也使该系列第二本书《科学家奶爸的AI手绘》的创作定位和思路日益清晰，即以科幻电影为载体，介绍人工智能（Artificial Intelligence，AI）相关科学知识，开启AI亲子科学启蒙之门，为孩子构建计算思维奠定初步基础。

我非常喜欢科幻电影中的 AI 设定，甚至可以说我走上科研的道路，与小时候看过的描绘 AI 技术和场景的经典科幻电影有很大的关系。让我印象深刻的是 1986 年上映的美国科幻电影《霹雳五号》，其中的智能机器人可以进行人机对话、自主学习、情感表达，还能和人类成为朋友。这些场景和设定给我留下深刻印象，让年少的我对计算机科学与技术萌生了极大兴趣，所以我在填报高考志愿时，把计算机专业作为所有报考院校的第一选择而且是唯一选择——不服从专业调剂。前些年，我在每年的六一儿童节都会给女儿们亲手制作一个智能机器人，这些机器人可以进行智能对话、语音控制、脑电波控制等。这些功能让女儿们高兴不已，她们也开始对 AI 技术和应用的设计、实现和体验过程，有了更直观的认识和理解。相关视频《瓦力三号诞生记》也吸引了很多网友的关注，尤其有很多爸爸发来私信，希望得到瓦力三号的设计方案。我将制作这些机器人的场景绘制到了本书中，期待和更多进行家庭 AI 启蒙的父母交流分享。

　　经过广泛征集意见和反复斟酌，我选择了《钢铁侠》系列、《阿凡达》和《头号玩家》等具有代表性的经典 AI 科幻电影，来组成本书知识体系的依托场景。此后，通过与孩子们交流，选出了每部电影中孩子们最关心的 7 个问题，邀请了多名中小学信息技术骨干教师共同研讨，最终确定了知识点的设置以及表现方式。这期间我发现不仅仅是孩子们，即使是成人朋友，甚至是教师都对这些科学知识很感兴趣。真心希望《科幻电影中的科学》系列科学手绘，能够成为既满足孩子们的需求，又能受到广大成年读者喜欢的科普读物。

　　本书的内容回归到了我更加擅长的 AI 方向，与第一本《科学家奶爸的宇宙手绘》相比，本书在知识点的体系设置上下了更多功夫，同时也融入了我对 AI 未来发展的思考。可以说这是一本集合了智能计算、深度学习、知识图谱、智能对话、脑机接口、虚拟现实等当前或未来会广受关注的 AI 知识的形象、直观的介绍。

　　感谢本书的另一位作者——我的学生陆源，他的加入让我可以花更多精力在整体构思和重点内容的创作上，也让我的很多想法得以快速实现。回到了他的专业方向，他的创作也更加得心应手。

本书在创作过程中得到中国科学院科学传播局、中国科学院科技创新发展中心（北京分院）、中国科学技术协会科普部领导的大力支持和肯定，对他们给予本书的巨大帮助，在此表示深深的谢意！

感谢科学普及出版社的编辑郑洪炜、牛奕、陈璐，她们为本书付出了细致辛勤的编辑工作，对此表示诚挚的谢意！

感谢北京市东城区黑芝麻胡同小学的信息技术教师郝君、北京市东城区教师研修中心教研员郭艳玫，他们对本书进行了严谨的审读，并提出了大量有价值的修改意见。

感谢我的女儿心心为本书手绘了配图，尤其是对虚拟现实"公主与王子"故事的创作，充分体现了6岁孩子的想象力。

为了生动、形象地对复杂知识加以呈现，使其更加易于理解且吸引人，书中对部分知识进行了简化和抽象处理，由此可能会有不当之处，加之作者水平所限，书中如有错误和不足之处，恳请读者予以指正。

2020年12月

目录
Contents

01 智能大脑/P.06

07 智能问答/P.18

10 智慧医疗/P.24

09 智能穿戴/P.22

《钢铁侠》中的科学/P.01

08   图灵测试/P.20

06   知识图谱/P.16

04   虹膜识别/P.12

05   信息检索/P.14

02   机器学习/P.08

03   深度学习/P.10

目 录 Contents

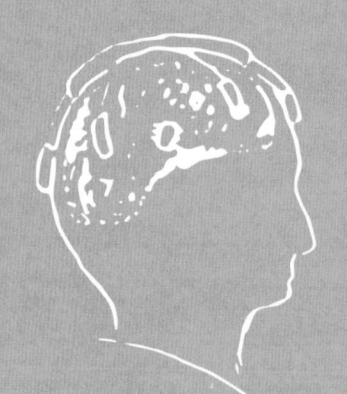

04　脑电信号处理/P.40

03　脑电信号采集/P.38

05　脑机接口/P.42

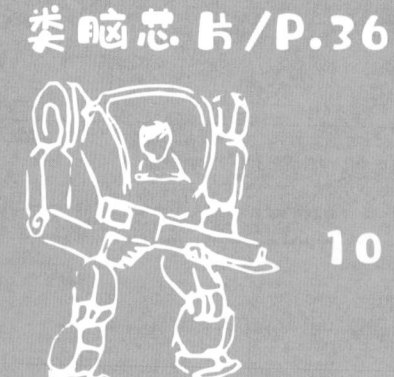

02　类脑芯片/P.36

08　异体操控/P.48

10　智能外骨骼/P.52

《阿凡达》中的科学/P.29

09　全息投影/P.50

07　群体智能/P.46

01　化石复原/P.34

06　万物智联/P.44

目 录 Contents

10 虚拟社交互动/P.80

08 虚拟表情追踪/P.76

03 虚拟场景构建/P.66

09 虚拟动作交互/P.78

《头号玩家》中的科学/P.57

04   虚拟视觉绘制/P.68   01   虚拟现实/P.62

05   虚拟声音渲染/P.70

07   多感官体验/P.74

06   虚拟触觉反馈/P.72

02   虚拟现实设备/P.64   附   录/P.84

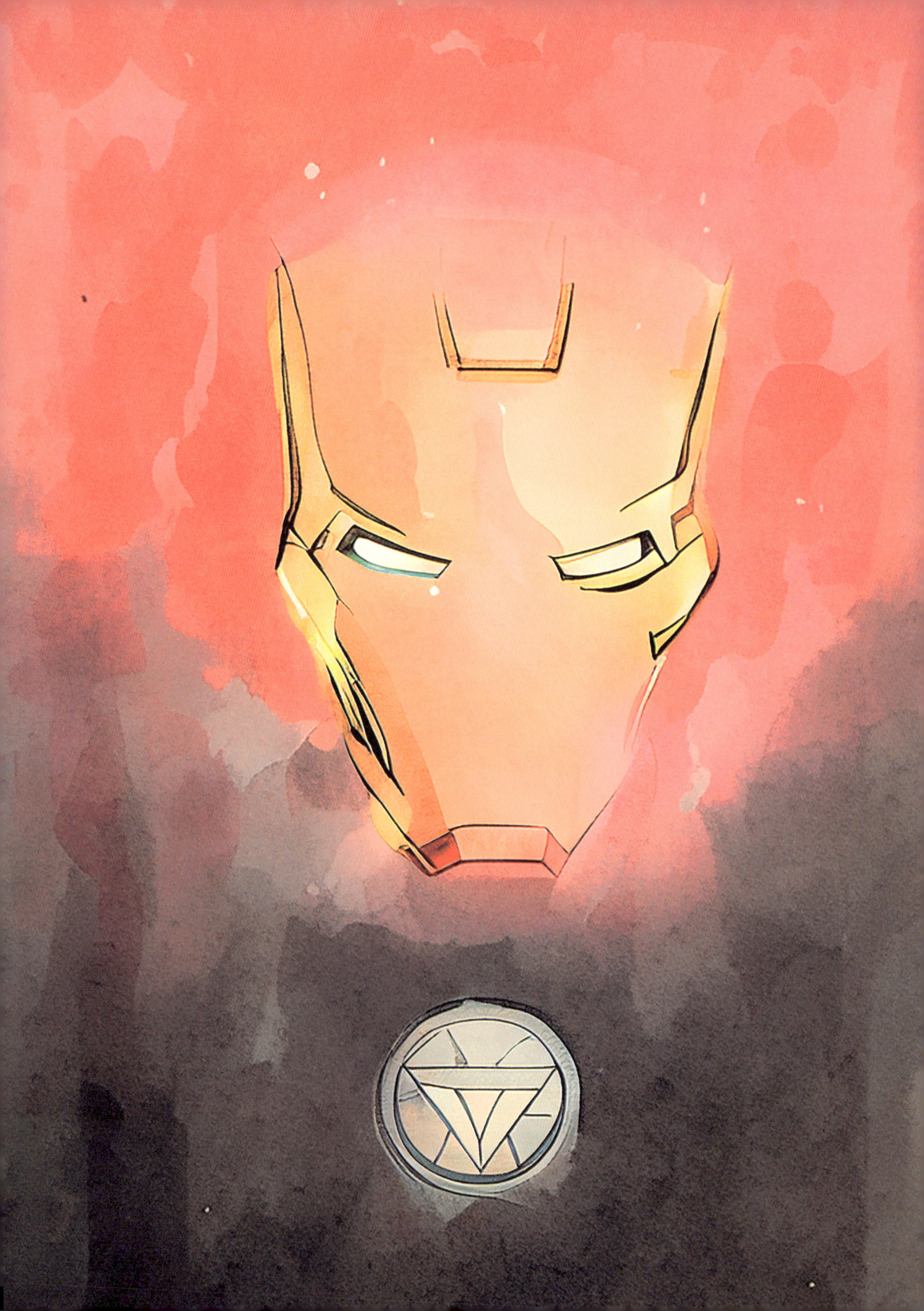

《钢铁侠》中的科学

　　《钢铁侠》是2008年上映的美国超级英雄电影，由漫威电影工作室出品，开启了漫威电影宇宙，并在2010年和2013年分别推出了续集《钢铁侠2》《钢铁侠3》。影片讲述了托尼·史塔克在机器战甲的帮助下，化身"钢铁侠"保护世界和平的故事，《钢铁侠》中对强大科技能力的展示吸引了很多观众。

1
我们来做个人工智能的机器人。
爸爸，这是今年的儿童节礼物吗？

2
六一节前一定能让它动起来……
马上就到六一了，机器人做好了吗？
爸爸，你的手怎么流血了？

3

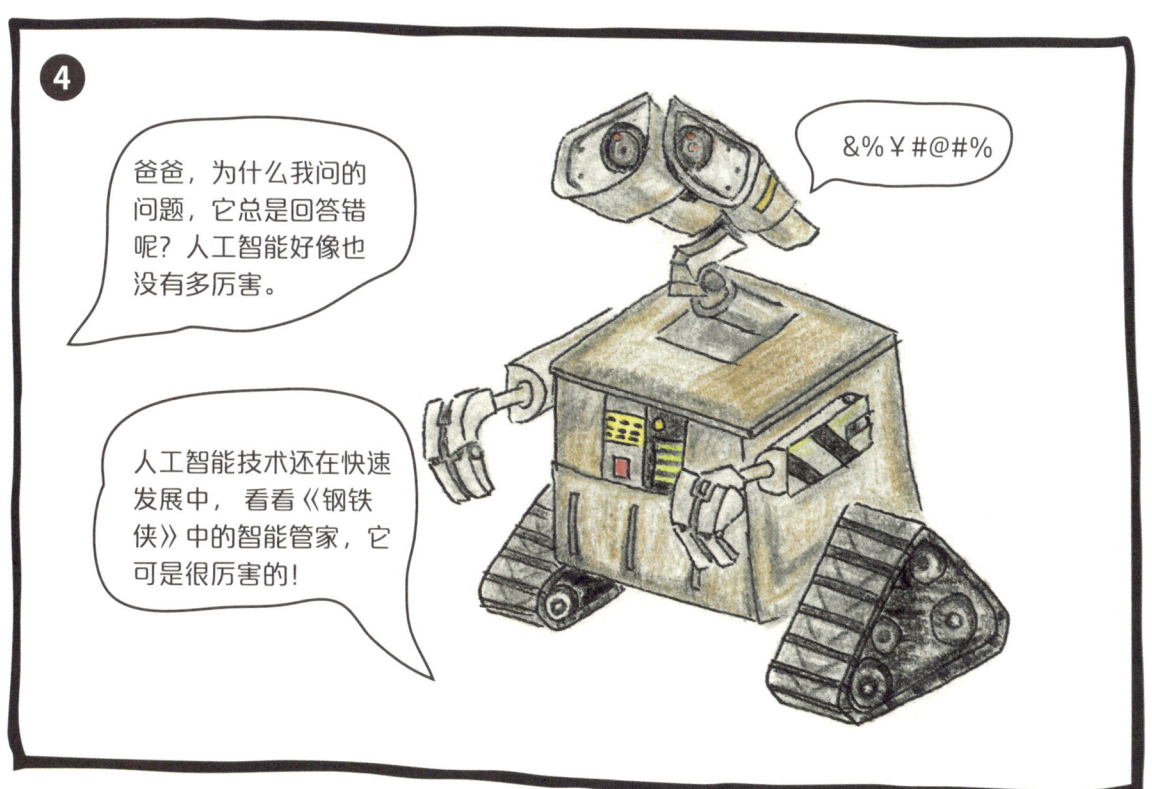

你好，你认识我吗？

@#%$^&^

你知道人体里有多少块骨头吗？

4

爸爸，为什么我问的问题，它总是回答错呢？人工智能好像也没有多厉害。

&%¥#@#%

人工智能技术还在快速发展中，看看《钢铁侠》中的智能管家，它可是很厉害的！

01   智能大脑

07   智能问答

10   智慧医疗

09   智能穿戴

08　图灵测试

06　知识图谱

04　虹膜识别

05　信息检索

02　机器学习

03　深度学习

05

01 智能大脑

《钢铁侠》中的科学

② 知识图谱

① 大数据感知

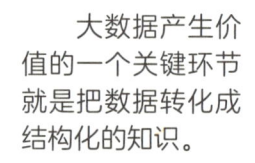

大数据产生价值的一个关键环节就是把数据转化成结构化的知识。

抽取

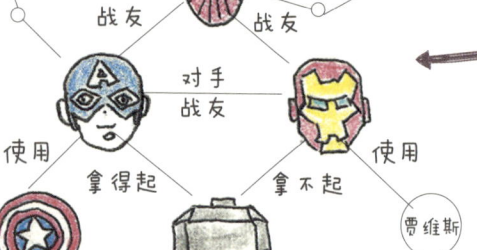

智能大脑可以通过互联网和智能物联实现对外部大数据的感知和获取，大数据人工智能应用快速发展的一个重要条件。

存储

③ 大数据引擎

PB级、千亿条规模的数据和知识都需要高效的，甚至是分布式的存储与管理。

智能大脑（贾维斯／星期五）

计算能力的大幅提升和成本的大幅下降是人工智能发展的重要基础。

计算

④ 高性能计算机（算得快）

⑨ 远程交互

· 人机对话
· 智能问答
· 身份认证
· 5G/6G传输

通过5G等无线通信技术，可以实现与智能大脑的远程人机对话、智能问答、身份认证等人机交互功能。

交互

以深度学习为代表的智能计算模型使人工智能可以成功应用于很多领域。

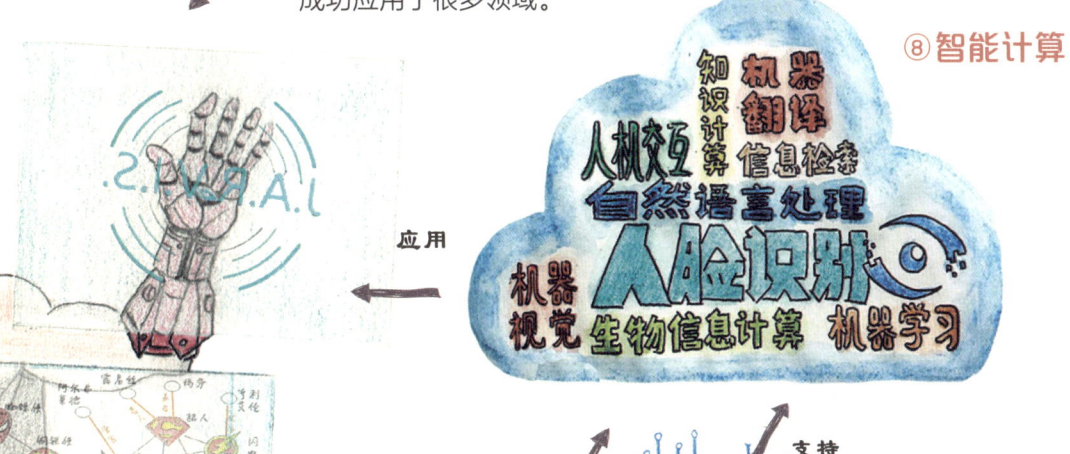

⑧ 智能计算

应用

智能芯片可以比通用芯片更高效地支持智能应用。

⑦ 智能芯片

支持　　使用

⑤ 高通量计算机
（算得多）

⑥ 智能计算机
（算得聪明）

02 机器学习

《钢铁侠》中的科学

第一阶段：非智能对话机器人

机器学习的发展史

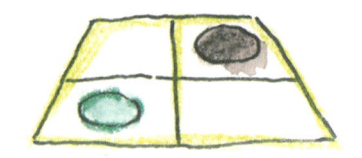

1950年10月，图灵提出了人工智能概念，通过图灵测试来测试AI。这个阶段出现了简单的对弈程序。

20世纪50年代　　60年代　　70年代　　80年代

机器学习如何工作？

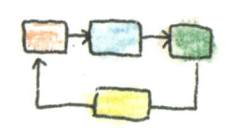

① 选择数据
数据包括：训练用数据、验证用数据、测试用数据。

② 数据建模
使用训练数据构建涉及相关特征的模型。

③ 验证模型
用验证数据验证建立的模型（输入+模型+输出+反馈）。

④ 调试模型
为了提升模型的性能，使用更多的数据、不同的特征，调整参数，这也是最耗时耗力的一步。

⑤ 使用模型
部署已训练好的模型，对新数据进行预测。

⑥ 测试模型
使用测试用数据验证模型，并评估模型的性能。

由于机器学习不是基于编程形成的结果，因此它的处理过程不是因果的逻辑，而是通过归纳思想得出的相关性结论。

在《美国队长3》钢铁侠同美国队长因观念冲突导致的对战中，钢铁侠先不断挨揍积累了大量美队的战斗数据，再根据这些数据通过计算，分析预测美队的出拳规律，从而扭转局势。这一针对对战数据进行的分析预测，归功于钢铁侠强大的机器学习能力。

任务

第二阶段：领域应用

摒弃了符号学派的思路，转而使用统计学思路解决问题。相关技术成果较典型地应用在邮件过滤、语音对话等场景。

第三阶段：深度学习＋大数据

具备大数据和算力条件，开始步入深度学习阶段，并发挥出巨大的威力，AI的表现达到"可用"的阶段。

90年代　　20世纪末　　21世纪初期

机器学习方法指计算机利用已有的数据或经验，通过一系列"任务"从"经验"（数据）中学习，不断识别特征、建模，形成有效的模型或规律，并利用此模型预测未来，并且评估"效果"如何。

经验　　效果

三种不同的学习方法

有监督学习

有标签数据结合标定结果的直接反馈来预测结果或未来。

给算法一个数据集，并且给定正确答案，机器通过数据来学习正确答案的计算方法。主流算法有决策树、线性回归、逻辑回归、神经网络、支持向量机、贝叶斯模型。

无监督学习

数据既无标签又无目标，也无反馈，来寻找数据中的隐藏结构。

给定的数据集没有"正确答案"，所有的数据都是一样的。任务是从给定的数据集中，挖掘出潜在的结构。主流算法有K-means聚类、最大期望算法、高斯混合算法。

强化学习

根据决策过程和奖励机制来学习一系列的行动。

强化学习关注智能体如何在环境中采取一系列行动，从而获得最大的累积回报。通过强化学习，一个智能体应该知道在什么状态下采取什么行动。

03 深度学习

《钢铁侠》中的科学

在《钢铁侠1》中，钢铁侠研发出第一套战甲后回到了恐怖分子基地解救难民。

当恐怖分子挟持人质时，钢铁侠通过快速扫描人物特征，分辨出恐怖分子和难民身份，成功击倒恐怖分子解救人质。这套识别过程正是运用了深度学习的相关领域知识，是利用深度神经网络来解决特征表达的一种学习过程，可大致理解为包含多个隐含层的神经网络结构。

神经元细胞与神经网络

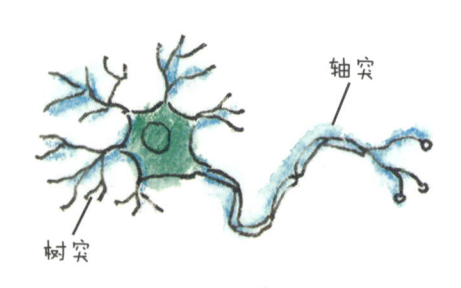

- 神经元由多个树突和一个轴突组成。一个神经元可以接收多个刺激信号输入，并产生一个输出。
- 同一个神经元，不同组合的输入刺激会输出不同的电信号。
- 轴突尾端有许多轴突末梢可以把信号再作为输入传递给其他多个神经元。

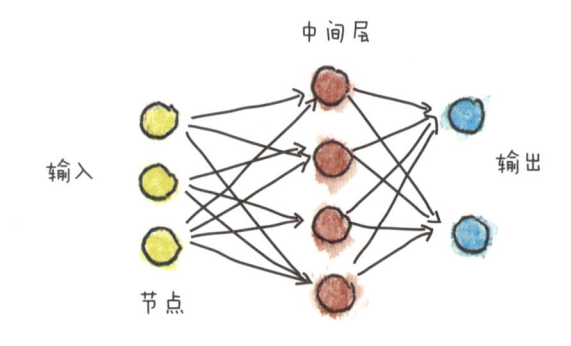

- 人工神经网络由模仿人脑神经元的多个节点组成。神经元相互连接并产生影响。节点接收输入数据并进行简单操作，将结果传递给其他神经元。每个节点的输出被称为激活或节点值。人工神经网络通过改变每个环节的权值来实现学习。

深度学习基本概念

假设深度学习要处理的信息是"水流",要处理数据的深度学习网络则是一个由管道和阀门组成的巨大水管网络。

入口和出口是若干管道开口。这个多层的水管网络,每一层有多个可控制水流流向与流量的调节阀。根据不同任务需要,水管网络的层数、每层的调节阀数量有不同的变化组合。每一层的每个调节阀都通过水管与下一层的所有调节阀连接起来,组成一个从前到后、逐层完全连通的水流系统。因此深度学习可视为是神经网络的进一步提升,通过深度多层神经网络来提高学习性能。

深度学习与机器学习的关系

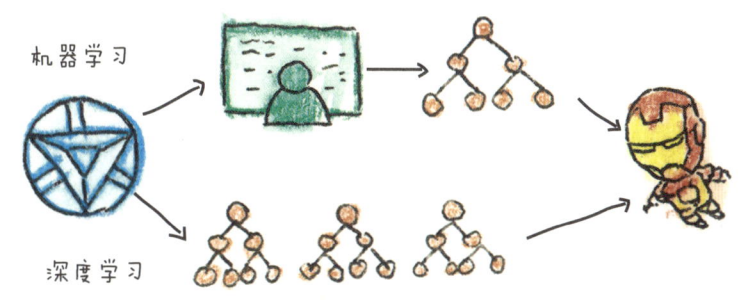

当数据量很少的时候,由于深度学习需要大量数据训练,性能并不好。而传统的机器学习算法使用了制定的规则,性能会比较好。

传统机器学习和深度学习都需要对数据进行预处理,但对机器学习来说,数据的特征提取并不简单,需要人工投入大量时间去研究和调整。深度学习可自动学习特征和任务之间的关联,还能从简单的特征中提取复杂的特征。

深度学习的优缺点

VS

- 学习能力强,结果表现突出
- 覆盖范围广,可解决复杂问题
- 数据驱动,上限高,数据越多表现越好
- 可移植性好,兼容多框架、多平台

- 计算量大,成本高:需要大量数据和算力
- 硬件需求高:普通的CPU无法满足要求
- 模型设计复杂:需大量人力物力研究新算法
- 存在偏见:数据依赖,可解释性待提高

// 11

04 虹膜识别

《钢铁侠》中的科学

在《钢铁侠》系列以及《复仇者联盟》中，贾维斯对于钢铁侠战甲来说就是第一道防线，贾维斯具备虹膜识别能力，确保钢铁侠托尼·史塔克进入战甲完成虹膜识别之后才能启动战甲，以保证战甲不为别人所侵入。

生物特征识别

人脸识别
包括面部识别和面部认证两方面，已基本实现了快速而高精度的身份认证。

指纹识别
被全球大部分国家政府、企业、机构接受与认可，应用广泛。

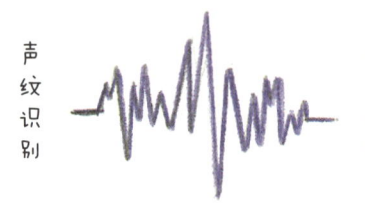

声纹识别
非接触识别，易接受，但声音会随音量、音速和音质的变化而受到影响。

虹膜识别
非常适合于生物识别，错误率是各种生物特征识别中最低的。

什么是虹膜

虹膜是环绕在瞳孔四周的有色彩的环形薄膜。

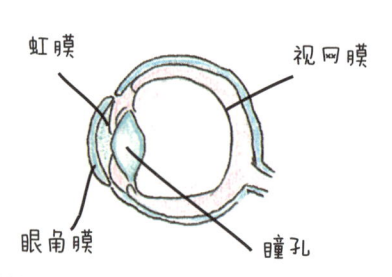

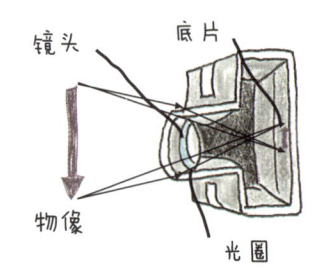

虹膜类似于光学照相机的光圈，虹膜的收缩和扩张决定了瞳孔的大小。

虹膜的特点

虹膜具有斑点、细丝、冠状、条纹、隐窝等形状丰富的细微特征。

每个人的虹膜特征各不相同，自然界不会出现完全相同的两个虹膜。
同卵双胞胎的虹膜也是不一样的。

虹膜纹理在人出生8个月后稳定成形，且终身不变。

虹膜识别的过程

① 虹膜图像提取

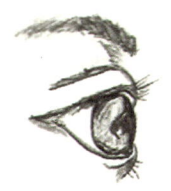

· 目前虹膜图像提取的便捷性是虹膜识别系统应用最大的瓶颈，实验表明只有在波长为850nm的近红外线下拍摄的虹膜图像是最清楚的。

② 图像预处理

· 从拍摄的眼睛图像中将虹膜图像分离出来，去除眼睑、眼液及微小组织的影响，去除由于反光等造成的噪声干扰，进行边缘检测、活体检测、质量评估、虹膜定位、归一化处理，以及图像增强，从而更好地提取特征。

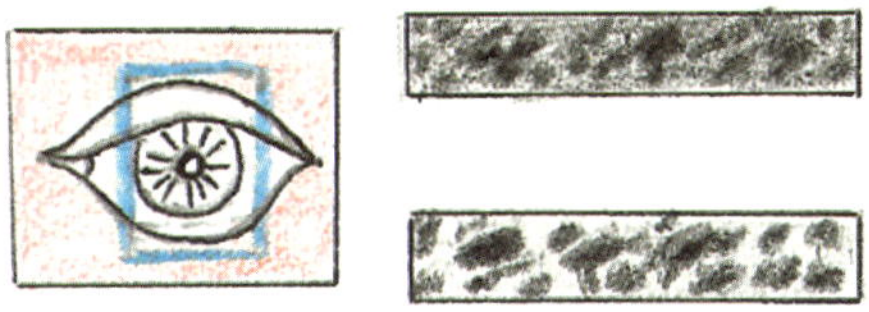

③ 特征提取

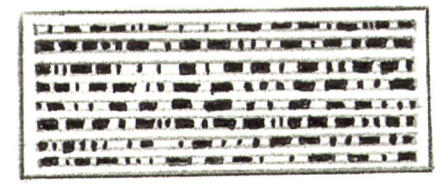

· 特征提取是将虹膜图像转化成一个可以量化表示的数字序列，比如可以用一个只由0和1组成的8个数的序列来表示一个虹膜的特征。

④ 特征匹配

· 特征匹配是通过比较两个虹膜特征码是来自相同个体的虹膜，还是来自不同个体的虹膜，比较虹膜特征码A和虹膜特征码B的 n 位的每一位， n 可以取1024或2048。

虹膜识别与其他生物特征识别的比较

	人脸识别	指纹识别	声纹识别	虹膜识别
准确性	98%	99.2%	99.5%	99.9999%
防伪性	中	中	高	非常高
稳定性特点	低	易磨损	高	终身不变
特征多样性	高	高	中	非常高

05 《钢铁侠》中的科学 信息检索

钢铁侠的信息搜索

关键词：浩克
搜索：新闻、视频……

网页信息、新闻报道、网络视频……

在《复仇者联盟2》影片中，当浩克被绯红女巫迷惑后大肆破坏，钢铁侠对话贾维斯，通过浩克这个关键词快速搜索相关信息，得出浩克的位置。

现实中如何搜索

电商平台中搜索"浩克"，可以检索出与浩克或是绿巨人相关的商品，如书籍、游戏、玩具等。

搜索平台中搜索"浩克"，可以检索出与浩克相关的信息知识，如浩克基本信息、最新电影情况、相关演员动态等。

社交平台中搜索"浩克"，可以检索出与浩克或是绿巨人相关的用户昵称、短视频、网友互动信息等。

基本原理

问题与知识
信息需求：浩克在哪？
信息知识：绿色+大块头

匹配与选择
浩克实时地理位置

外部知识
文献、视频、新闻、社交、图片……

基本原理可以概括为：对信息集合与需求集合的匹配与选择，从用户需求出发，对一定的信息集合采用一定的技术手段，根据一定的线索与准则找出相关的信息。

关键词检索

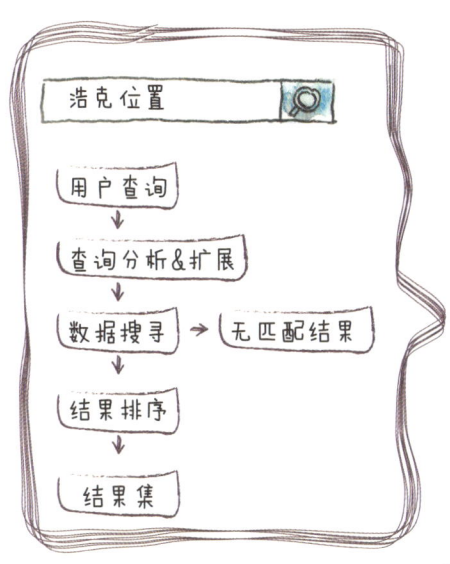

通过"浩克+位置"这两个关键词，可以在海量数据中按一定规则匹配出搜索结果数据，通过排序整理得出最终结果，找到浩克。

- 时间排序：最新更新的浩克位置相关信息优先
- 阅读量排序：浏览查阅量最多的浩克消息优先
- 相关排序：与关键词匹配度最高的消息优先

结果数据根据用户需求以及在一段时间内的偏好作为衡量标准来筛选信息。当用户查询请求不明确时，可运用推理机制推断用户潜在需求，选择与用户习惯最相近的需求进行检索。

语义检索

语音识别：浩克最新动态

- （浩克+绿巨人）*（在哪里+干什么）
- （浩克+班纳博士）*（是否变身状态）
- （浩克+复联成员）*（战斗情况+对手信息）
- （浩克+黑寡妇）*（情感状况）

语义检索是在知识组织的基础上，从知识库中检索出知识的过程，是一种基于知识组织体系，能够实现知识关联和概念语义检索的智能化的检索方式。

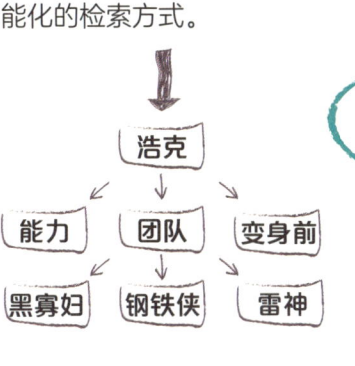

06 知识图谱

《钢铁侠》中的科学

① 知识抽取

从多来源、复杂的数据中抽取出我们关心的知识，实体(如人名、地址)、关系(如战友)、属性(如时间)等。

② 领域概念体系

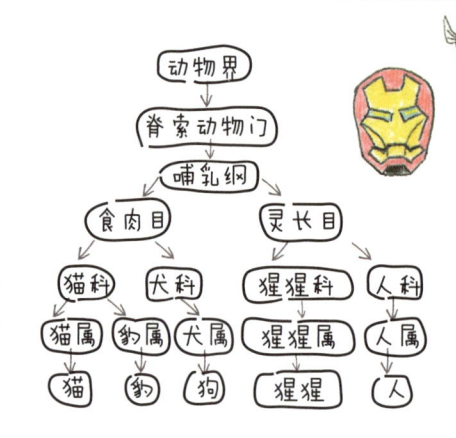

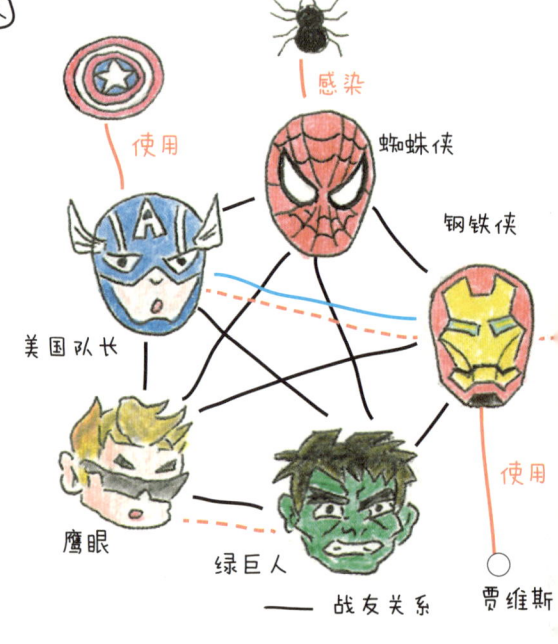

- 宇宙
- 地理
- 生物
- ……
- 复仇者联盟
- 正义联盟

界门纲目科属种

动物界 → 脊索动物门 → 哺乳纲 → 食肉目 / 灵长目
食肉目 → 猫科、犬科
灵长目 → 猩猩科、人科
猫科 → 猫属、豹属；犬科 → 犬属
猩猩科 → 猩猩属；人科 → 人属
猫、豹、狗、猩猩、人

③ 知识更新

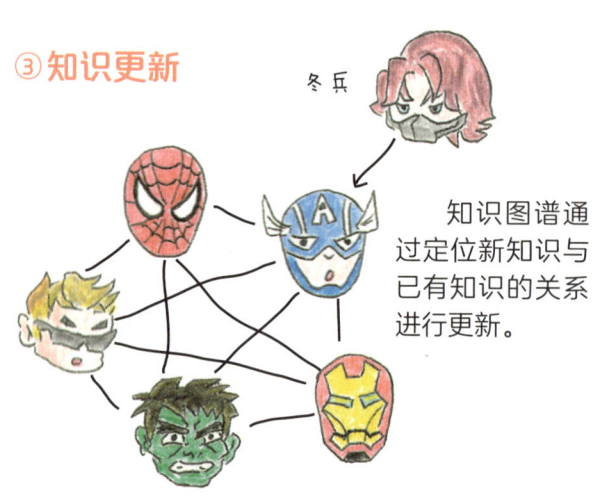

知识图谱通过定位新知识与已有知识的关系进行更新。

将抽取的知识结合领域概念体系构建知识图谱，也就是将知识进行结构化表示。

蜘蛛侠、钢铁侠、美国队长、鹰眼、绿巨人、贾维斯

—— 战友关系
—— 对手关系

④ 知识融合

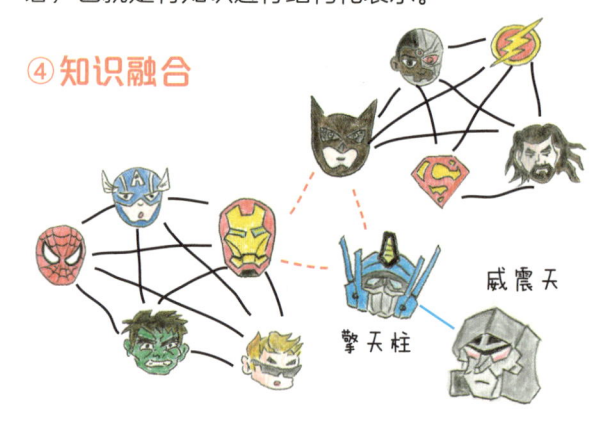

- 将相同领域知识中，不同表达方式的知识图谱进行融合。
- 将不同领域的知识图谱进行融合，如左图中的复仇者联盟宇宙、正义联盟宇宙和变形金刚宇宙的融合。

擎天柱、威震天

⑧ 时序知识预测

对知识的预测来源于我们不仅关心未来会发生什么，更重要的是这些事情在什么时间发生，以及在某一时间段内可能会发生什么。

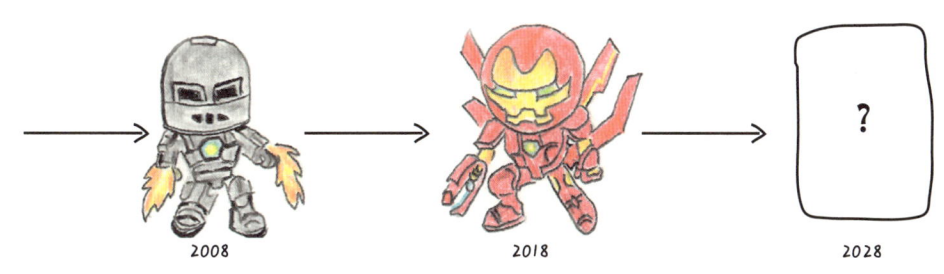

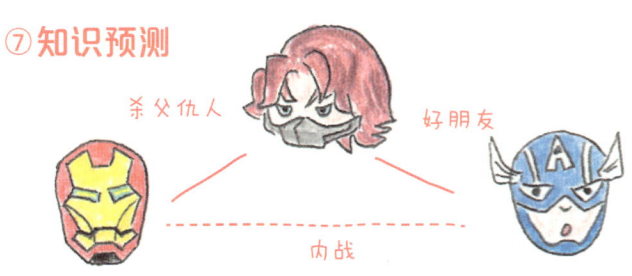

2008　　2018　　2028

⑦ 知识预测

杀父仇人　好朋友　内战

基于已有的显性和隐性的知识，通过算法计算还可以对未来将要发生的知识进行预测。

⑥ 基于属性的知识推断

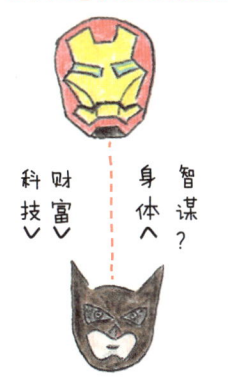

科技＞　财富＞　身体∧　智谋∧　？

通过钢铁侠与蝙蝠侠在科技、财富、身体素质、智谋等属性的比较，推断他们之间对战可能的胜负关系。

玛莎　亨利·艾伦
弗　露易丝
恋人　养母　父子
管家　超人　闪电侠
蝙蝠侠
朋友
詹姆斯　钢骨　海王
夫妻
其他关系
隐性关系
湄拉

曾好感　情敌
黑寡妇　好感

⑤ 基于结构的知识推断

前面的知识图谱都是基于显性知识构建的，也就是可以直观看出来的知识，但往往更多的知识是隐性的，需要利用已有知识进行推断，这些通过算法推断出来的知识，通常是曾经发生的或正在发生的客观事实。

比如：通过鹰眼和绿巨人分别与黑寡妇的好感关系，推断他们之间可能存在情敌的关系。

07 《钢铁侠》中的科学 智能问答

电影中智能的问答

钢铁侠：贾维斯，把我的战甲发射给我。
贾维斯：好的，先生……
贾维斯：Mark42战甲已发射，预计15秒后到达。

科幻

① 语音识别

智能问答的第一步就是将问题的语音转换成系统可以识别的文本，以便进行后续的自然语言处理。

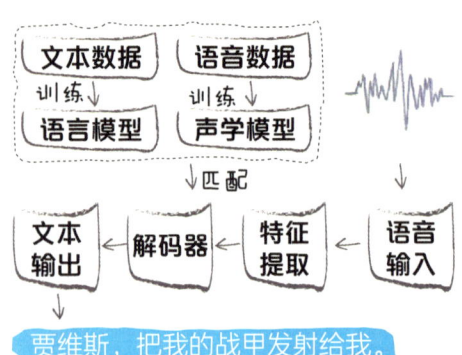

文本数据 → 训练 → 语言模型
语音数据 → 训练 → 声学模型
↓ 匹配 ↓
文本输出 ← 解码器 ← 特征提取 ← 语音输入

贾维斯，把我的战甲发射给我。

② 问题理解

· 可以把"把我的战甲发射给我"这个指令转换成另外一个问题去理解，也就是"钢铁侠的常用战甲中战力最强的是哪个"。
· 通常智能问答中，系统要首先判断问题的主题，找到其中的主题实体。
· 然后通过问题的关系类型判断来进行问题理解，典型的关系类型包括如下几种。

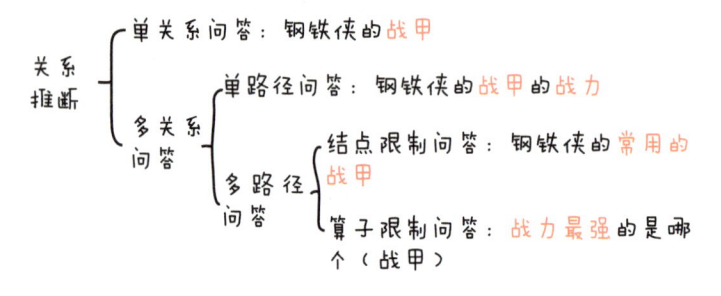

主题实体推断：钢铁侠

关系推断
├─ 单关系问答：钢铁侠的战甲
└─ 多关系问答
    ├─ 单路径问答：钢铁侠的战甲的战力
    └─ 多路径问答
        ├─ 结点限制问答：钢铁侠的常用的战甲
        └─ 算子限制问答：战力最强的是哪个（战甲）

③ 答案搜索

钢铁侠 ─ 战甲 ─ Mark3 ─ 属性 ─ 《钢铁侠1》
                    └ 属性 ─ 微型导弹
       ─ 战甲 ─ Mark6 ─ 属性 ─ 《钢铁侠2》
                    └ 属性 ─ 激光武器
       ─ 战甲 ─ 浪子 ─ 属性 ─ 《钢铁侠3》
                    └ 属性 ─ 小型飞弹

科学

现实中可能的问答

钢铁侠：贾维斯，把我的战甲发射给我。
贾维斯：先生，发射哪件战甲？
钢铁侠：战力最强的战甲……
贾维斯：先生，没有找到"战力最强的战甲"。
钢铁侠：快点，我快坚持不住了……

⑥ 语音合成

智能问答最后一步就是进行语音的回答，也就是将生成的文本信息转化成语音来实现类似人与人之间的沟通方式。

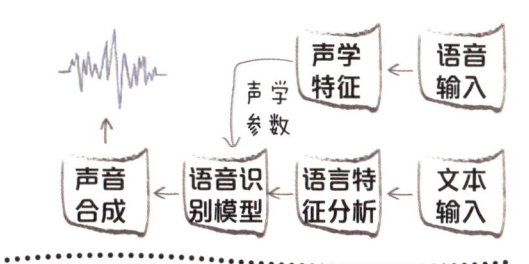

声音合成 ← 语音识别模型 ← 语言特征分析 ← 文本输入
声学特征 ← 语音输入
声学参数

⑤ 答案生成

根据对问题的理解和答案的搜索与推理，得到如下信息集合。

{Mark42战甲，发射时间，发射坐标，目标坐标}

$$飞行时间 = \frac{距离（发射坐标，目标坐标）}{Mark42战甲飞行速度}$$

到达时间 = 飞行时间 - （当前时间 - 发射时间）

生成自然语言回答语句

"Mark42战甲已发射，预计15秒后到达。"

- 确定问题的主题和类型之后，就是在知识图谱中搜索可能的答案。
- 如果直接搜索到了确定的答案，就直接将相关的实体、关系、属性等知识输出去生成答案。

④ 答案推理

浪子 —等价— Mark42

Mark3 —战力<— Mark6 —战力<— Mark42

很多时候，答案的内容是无法从知识图谱中直接获取的，需要进行各种推理，这种推理的过程，就是运用各种算法对知识图谱中知识的等价、比较、逻辑等进行运算从而推理出可能答案。

08 图灵测试

《钢铁侠》中的科学

你是托尼本人吗？

真托尼

人工智能：贾维斯

在《钢铁侠3》中，小辣椒无法分辨出托尼是否在战甲中，跟战甲对话了很久发现托尼并不在，因此还生了气。同样在《蜘蛛侠：返校日》中，蜘蛛侠帕克也没能看出托尼是否在战甲中。那么，一旦人们无法分辨出人工智能和真实人类的区别时，是否能够认为人工智能达到了真正智能？

图灵测试是什么

1950年，图灵在《计算机器与智能》中提出了"图灵测试"：在不接触对方的情况下，通过特殊方式和对方进行一系列问答。如果在相当长的时间内，无法根据问题判断对方是人还是计算机，就可以认为这个计算机具有人类的思维能力。

图灵测试的及格线

测试者同人和一台机器进行交流，如果超过30%的测试者误以为和自己说话的是人而非计算机，那么这台机器就通过了测试，被认为具有人类智能。虽然30分及格线的标准不高，但这一测试直到今天仍被作为检验人工智能的标准之一。

艾伦·麦席森·图灵
1912.6.23—1954.6.7
英国数学家、逻辑学家
计算机科学之父
人工智能之父

· 图灵机模型，奠定可计算理论基础
· 图灵测试，阐述机器智能概念
· 数理生物学，图案形成范畴核心

哪些问题可以难倒电脑

- "托尼和小辣椒一起和几套战甲合影,但他们看起来像是玩具收藏家",像玩具收藏家的是谁?
- "蜘蛛侠对钢铁侠表示感谢,是因为送了他一套战衣",谁送给谁战衣?

依据"代词回指"语言现象设计的问题,小孩都可以轻易说出答案,可计算机很难给出正确的回答,这是因为人类日常对话中经常包含诸多常识,应答者要对人类语言的细微之处和人类社会交际本质有着足够深刻的理解,计算机科学家目前仍无法用数学语言来描述。

计算机如何回答可以迷惑疑问者

- 问:谁送了谁战甲? 答:这套战甲可真不错。
- 计算机选择以其知识背景来回避问题,或者故意不好好回答问题,避免测试者发现回答套路。

- 问:谁送了谁战甲? 答:……你都问了第三遍了。
- 计算机有意或无意保持沉默的时候,会混淆测试者的判断。

真有计算机通过图灵测试了吗

2014年6月7日,聊天程序"尤金·古斯特曼"在英国皇家学会举行的2014图灵测试大会上冒充一个13岁乌克兰男孩而骗过了33%的评委,从而按照图灵当初的定义,通过了图灵测试。

生活中的图灵测试

滑动解锁:拖动滑块补全图片中的蜘蛛侠

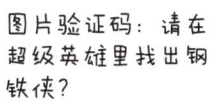

图片验证码:请在超级英雄里找出钢铁侠?

验证码是图灵测试的另外一种简化的形式,用于区分操作者是人还是机器人,是一场机器向人提问的"反图灵测试"。验证码有一个充满科学气息的学名——"全自动区分电脑和人类的图灵测试"。

09 《钢铁侠》中的科学 智能穿戴

钢铁侠战甲可以看成是一套集成了多种智能穿戴设备的全方位智能战甲。

智能眼镜

微型投影仪+摄像头+传感器+存储传输+操控设备的结合体。

· 视频联系小辣椒

· 检测体内钯元素含量

· 搜索浩克信息

将眼镜、智能手机、摄像机集于一身,通过电脑化的镜片将信息实时展现在用户眼前。

· 语音控制:根据说话内容去执行相应的指令。
· 手势识别:通过数学算法对手势动作进行分割、分析和识别。
· 眼动跟踪:通过记录眼睛的定位和运动来跟踪用户的注视点。

除指示时间外,还具备信息处理能力,提供提醒、导航、校准、监测、交互等多种功能。通过智能手机或家庭网络与互联网相连,显示来电信息、社交、新闻、天气信息等内容。

智能手表

智能穿戴中的关键技术

· 智能芯片:小型化、低功率化、多样化。手机应用处理器擅长增强现实等基于多媒体内容的交互功能;工控领域的低功耗微控制器结合嵌入式技术,侧重于监控、记录、提醒等简单功能。

· 传感器:小微型化、智能化。运动传感器主要实现运动探测、导航、娱乐、人机交互等。生物、环境传感器主要实现健康、医疗监控、环境监测等。

· 人机交互:语音控制、手势控制、微投影、骨传导、增强现实等技术不断升级,带来新奇有趣的操控体验。

VR头显

VR头显（虚拟现实头戴式显示设备），将人对外界的视觉、听觉封闭，引导用户产生一种身在虚拟环境中的感觉。左右眼屏幕分别成像，产生立体感。移动位置时，电脑传回计算后精确的3D影像，营造临场感。

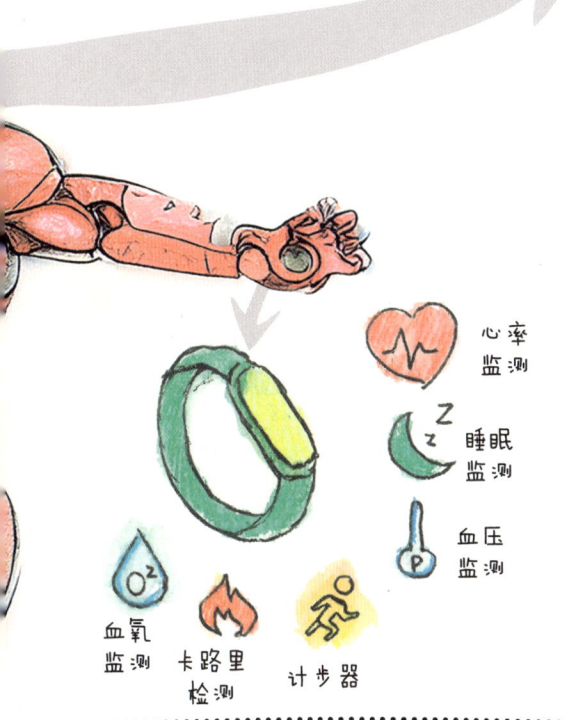

· 实时计算模型生成三维图形
· 虚拟场景显示：双眼视差
· 头部追踪技术：改变视角关联感知
· 眼球追踪技术：变换景深
· 声音技术：立体声效

智能手环

跟踪用户的日常活动、睡眠情况和饮食习惯，将数据与移动设备、云平台同步，帮助用户了解、改善健康状况，分享运动心得。

· 通过捕捉体表因心跳产生的微小电极变化，由算法还原出心率。
· 体动记录仪的硬件传感器通过记录人体微小活动，计算出睡眠参数和状态。

心率监测　睡眠监测　血压监测　血氧监测　卡路里检测　计步器

智能穿戴面临挑战

· 电量更大：电池微型化与高容量技术仍然欠缺，锂电池仍是主流，其他新的电池技术难以在短时间内大规模商用。

· 体积更小：可穿戴终端袖珍的外形决定了较小的电池体积，使功耗成为可穿戴最关键的瓶颈问题。

· 价格更低：过高的售价和体验不成正比，功能与价格没有得到平衡。

10 《钢铁侠》中的科学 智慧医疗

《钢铁侠3》中反应炉芯片中的有毒金属钯导致托尼中毒，随着战甲的穿戴时间加长病情愈发加重。托尼通过指尖血液监测，监控自己身体内的钯含量，同时贾维斯也建议托尼寻找替代品，否则会对身体产生致命伤害。

第一步：采集识别

根据托尼的病情症状，利用深度学习算法将采集血液样本数据模块化，迅速精确演算出体内钯金属含量，免去医院会诊的麻烦。

① 样本采集：制备血涂片，进行染色、拍摄及数字化细胞分类、计数、鉴别。

② 成分提取：通过数字图像成像技术提取出血液成分的形态特征参数，由识别模型和算法分析组成成分。

③ 特征识别：遇到未知颗粒特征参数，通过神经网络与数据库已知数据进行计算和比对，找出钯金属。

④ 处理：采用图像法对样本中的细胞、钯金属等成分进行数字化染色、识别判断。

⑤ 数据处理：血液样本中部分数据自动填补，快速得出体内钯金属总含量。

⑥ 检测报告：给出钯金属成分含量、细胞的形态学报告和分析结果。

第二步：智能诊疗

① 群体智能

· 贾维斯联系世界各地专家对托尼进行异地远程会诊。根据各专家的方案，评估可信度和可行性。
· 托尼的实时病情监测和其他专家的意见都可以通过贾维斯进行实时共享和同步。

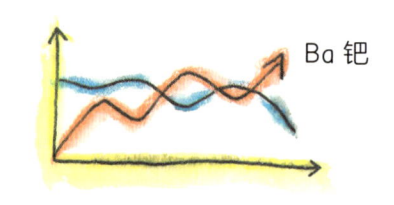

② 精准量化

· 在托尼手臂或其他部位植入检测器，追踪指标体征等变化，通过图像识别技术捕捉血液成本、病灶表现。
· 深度学习应用于学习和分析环节，通过大量诊断数据，不断对神经元网络进行学习训练，促使其掌握诊断能力。

第三步：评估预测

风险预测
· 通过参考过去的数据（钯含量记录），采用神经网络技术，学习钯含量和治疗方案关系模型，推理未来钯含量走势（无法治愈导致死亡，影响身体导致钢铁侠退役，恢复如初继续战斗）。

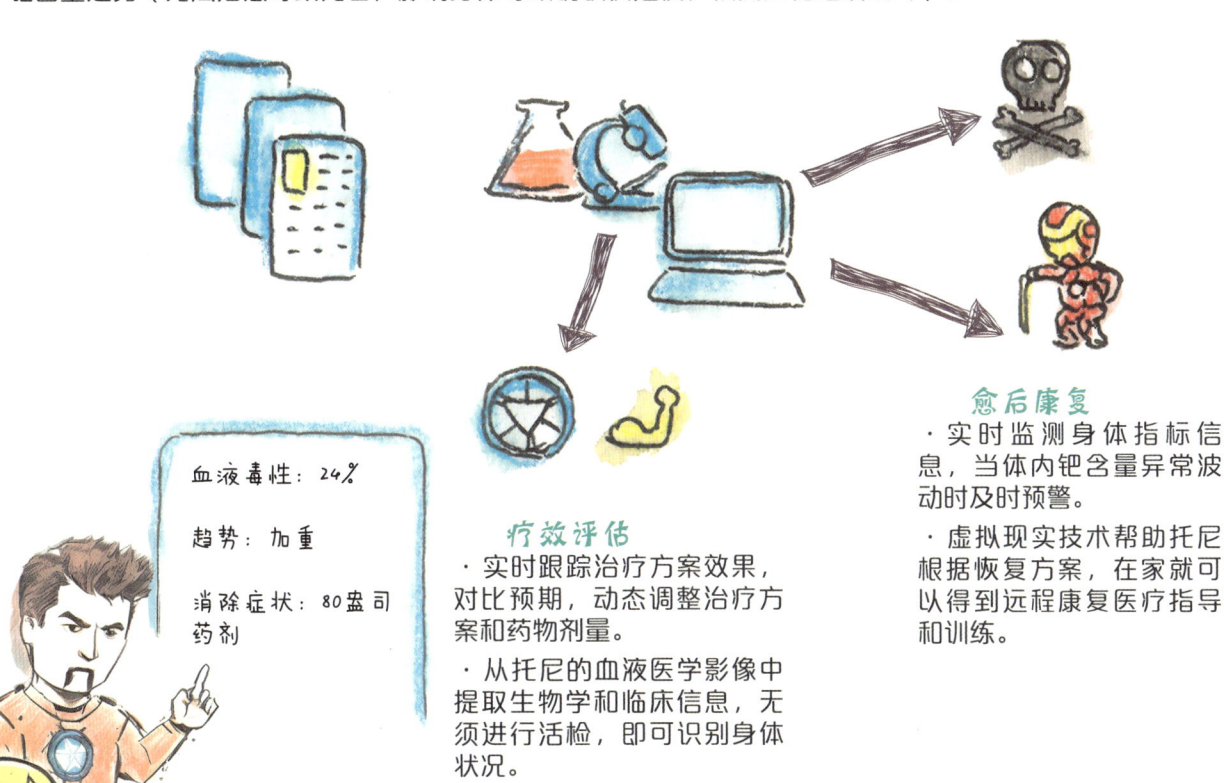

血液毒性：24%

趋势：加重

消除症状：80盎司药剂

疗效评估
· 实时跟踪治疗方案效果，对比预期，动态调整治疗方案和药物剂量。
· 从托尼的血液医学影像中提取生物学和临床信息，无须进行活检，即可识别身体状况。

愈后康复
· 实时监测身体指标信息，当体内钯含量异常波动时及时预警。
· 虚拟现实技术帮助托尼根据恢复方案，在家就可以得到远程康复医疗指导和训练。

③人工智能辅助治疗

· 将治疗方案、药物影响因素、样本检测的不确定性等结果的发展变化与具体诊断治疗情况结合，进行大数据综合分析，给出发展趋势：继续使用钯金属的反应堆将危及生命。
· 提供血液中含有钯金属病症的敏感性和特异性信息，给出跨领域建议：现有元素无法替代钯金属，需要合成新元素。

下面的问题你思考过吗？

1. 钢铁侠胸口的能量反应装置在现实中能够实现吗？能把反应堆做成那么小吗？

2. 人工智能真的会像电影中的奥创一样背叛人类吗？

3. 如果你穿着钢铁侠的战甲，你会有什么感觉？

4. 如果让你设计一副钢铁侠战甲，你最希望实现什么功能？

5.如果你拥有类似贾维斯的人工智能助手，你最希望它帮助你做什么事情？

6.列举你生活中见到过的人工智能产品，你觉得哪些有可能最快达到《钢铁侠》电影中的水平？

7.你觉得如果现实生活中的智能穿戴设备要达到钢铁侠中的能力，主要应该解决哪些问题？

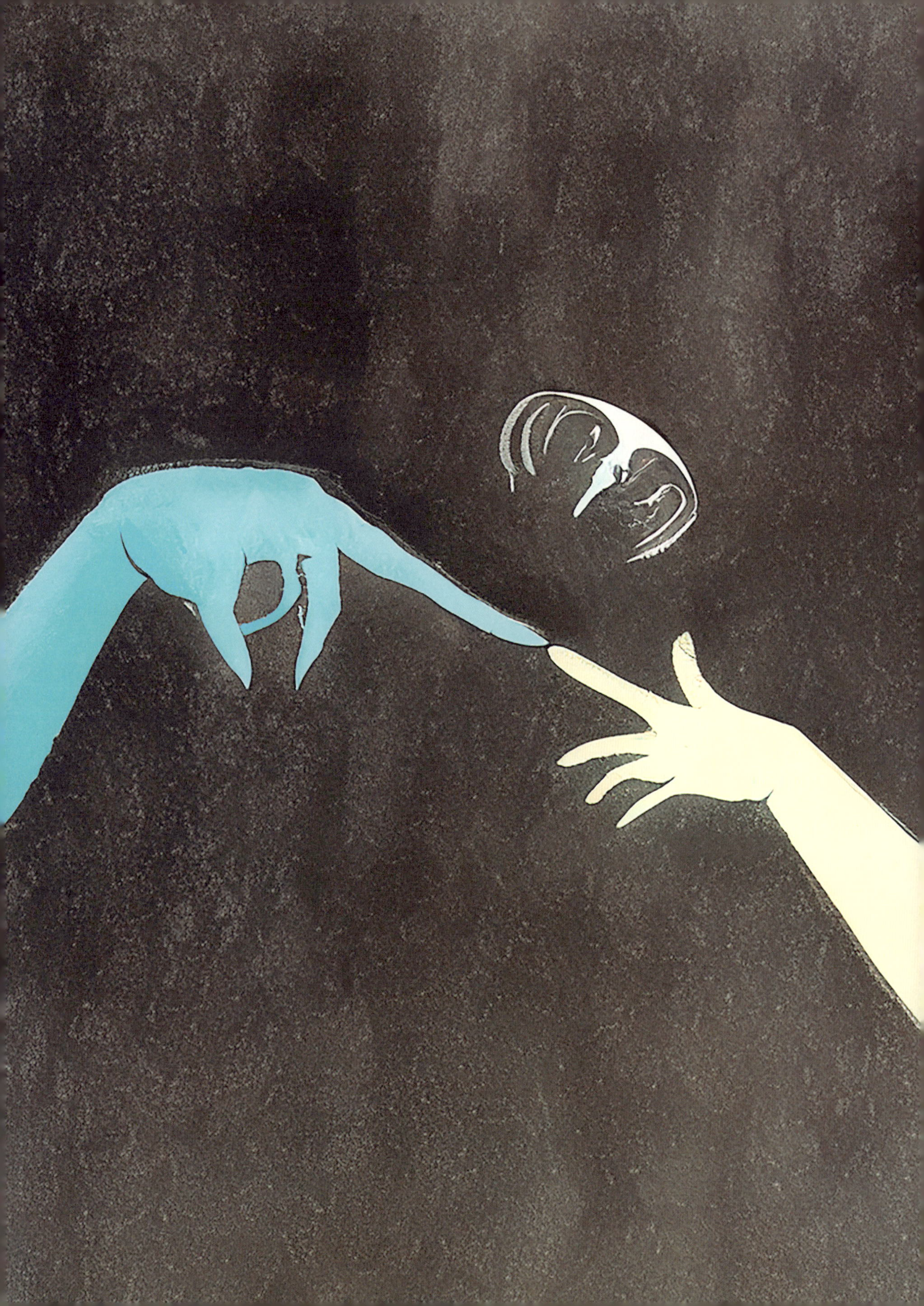

《阿凡达》中的科学

《阿凡达》是2009年上映，由詹姆斯·卡梅隆执导的经典科幻电影，由20世纪福克斯出品，是全球影史票房冠军。大开脑洞的剧情设置，强大的视觉特效技术、动作捕捉为观众描绘出一个宏大绚丽、科技感十足的"潘多拉"世界。

❶

❷

这就是阿凡达园区，好神奇啊！

姐姐，你看这些树好奇怪，山怎么都飞在天上？

❸ 你们看到的是《阿凡达》电影中潘多拉星球的景色，阿凡达的身高有3m，比人类高多了。

3m

1.5m

❹ 在《阿凡达》中，人类可以通过脑机接口等很多AI技术控制阿凡达身体……

03 脑电信号采集

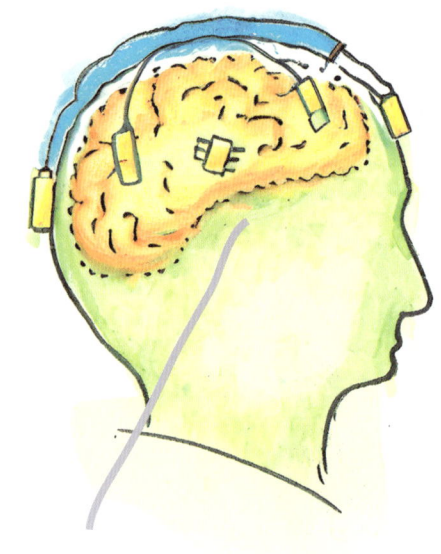

04 脑电信号处理

05 脑机接口

02 类脑芯片

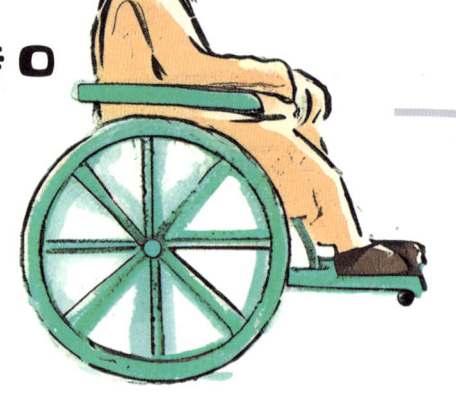

08 异体操控

10 智能外骨骼

09　全息投影

07　群体智能

01　化石复原

06　万物智联

01 化石复原

《阿凡达》中的科学

化石在哪里：化石识别与提取

①划定范围：利用户外红外电磁辐射技术，根据地貌特征寻找潜在化石点。比如该区大多数化石保存在砂岩中，则自动筛选出类似的岩石区域。

②确定位置：使用钻井、岩层样本分析、计算机断层扫描等方式分析岩层断层，寻找化石位置。

③挑出化石：在岩层中提取微化石样本，分析岩层及化石成分，从岩层中找出化石部分。

④确认化石：AI根据经验数据对化石进行关联分析，专家对分析结果进行确认评估。

哪些是头，哪些是尾巴：化石分类

①图像采集：借助数码相机、扫描仪等设备获得数字化后的化石图像。

②图像处理与分割：修复岩层或化石破损、成像模糊等影响，提取清晰化石图像并分割具有各自特征的子区域。

③特征提取：捕捉化石特征信息，如突出的头骨下颚、极长的前肢。

④识别与匹配：将化石特征同当前化石数据库进行匹配，如将头骨下颚同霸王龙、三角龙、翼龙等进行匹配。

⑤分类与标记：根据匹配结果给出最可能的化石分类，如翼龙头骨。

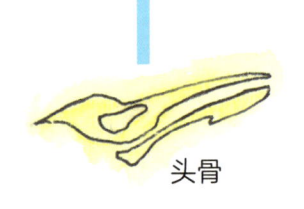

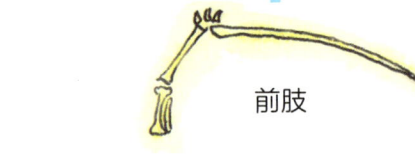

头骨　　　　　脊骨　　　　　前肢

让恐龙复活：三维重建

①预处理：对图像进行去噪、修复，解决设备分辨率等限制问题。

②相机标定：建立成像模型，结合图像匹配结果得到三维点坐标。

③点云配准：将不同时间、角度、照度的多帧图像叠加匹配到统一的坐标系中，计算出相应的平移向量与旋转矩阵，同时消除冗余信息。

④数据融合：将空间中散乱无序的点云数据融合处理以获得更加精细的重建模型，由部分化石数据生成更为完整的数据模型。

⑤表面生成：通过三维重建算法，构造恐龙的可视等值表面，生成完整的三维图像。

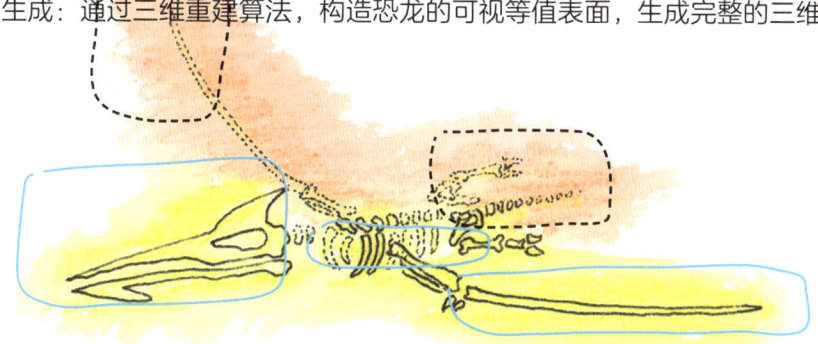

把恐龙拼出来：图像修复与拼接

①强力去噪，还原得到高清晰度的干净样本化石图片。

②AI脑补，修复缺失画像：内容生成网络和纹理生成网络分别进行图像生成，推断缺失部分的内容，增强图像纹理。

③特征检测和提取：找出相关化石图片相接处类似的共有关键特征点。

④特征匹配：在众多匹配方案中找到最合适、最科学的匹配方案，将不同部位的化石组合起来。

⑤图像融合：优化拼接后的图像，消除图像间差异，得到归一化后的阿凡达翼龙完整化石骨架。

02 类脑芯片
《阿凡达》中的科学

向大脑学习

- 神经树突
- 大量神经元链接
- 时间/空间信息编码
- 基本结构：神经元+突触

脑神经网络

模仿人类大脑结构

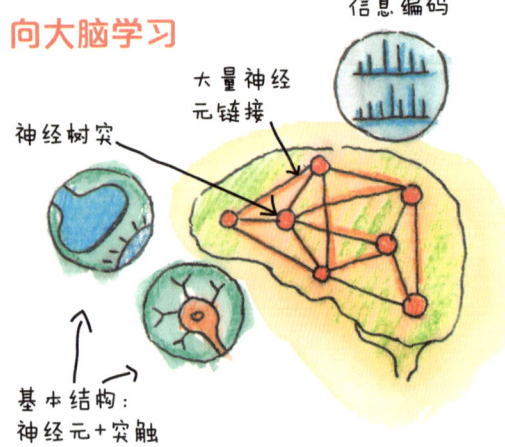

计算优化有多难
器件：摩尔定律放缓，集成密度难以提升。
架构：存算分离带来存储墙瓶颈，制约计算性能提升。
能耗：单位面积功耗大，散热多。

以脉冲编码的形式输入和输出

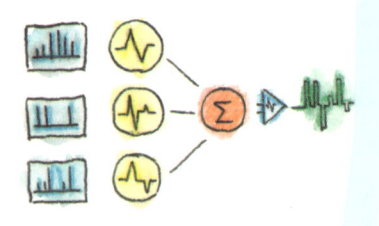

模仿大脑工作机理

大脑有多厉害
存算一体　低功耗（20W）
自我学习　低频运行（100Hz）
高容错　　强并行（10^{11}个神经元）

- 存算一体：信息存储与处理单元
- 事件驱动：脉冲驱动的异步计算机制
- 时空关联：基于时空关联性的学习过程

启发 →
- 打破存储限制
- 打破功耗限制
- 高效学习

脉冲神经网络处理器：把脉冲神经网络的典型数学模型，通过电路方式实现，芯片在运行中就能模仿人脑计算的特点。

神经形态处理器
研究人脑结构，设计电路或器件来复制或模仿人脑机理，实现智能处理能力。

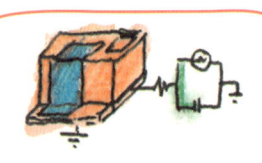

神经形态器件：在物理上模拟神经元的行为。大量的模拟器件互连起来，有可能制造一个非常接近人脑神经网络的系统。

深度神经网络处理器

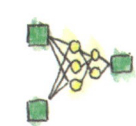

指令集处理器：抽象神经网络计算特征，构造神经网络专用指令集，设计硬件架构高效执行。

可重构处理器：分层次架构重构，各个层次在运算中协同配合，实现了多元编程机制。

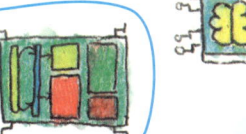

存内计算处理器：不需要在存储器和计算单元间大量搬移数据。

数据流处理器：一种计算行为由数据调度决定的数据流驱动处理架构，实现数据复用，计算并行。

异构融合芯片

异构融合类脑芯片既可支持脉冲神经网络，又可支持人工神经网络。

大小3.8mm × 3.8mm，包含约4万个神经元和1000万个突触。超过610GB/s内部存储器带宽。

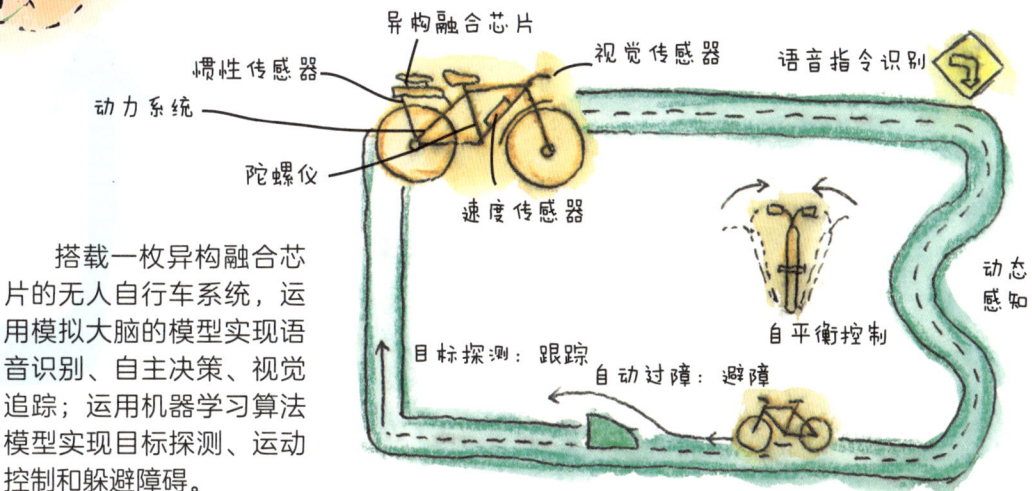

集成布局和封装的融合芯片

搭载一枚异构融合芯片的无人自行车系统，运用模拟大脑的模型实现语音识别、自主决策、视觉追踪；运用机器学习算法模型实现目标探测、运动控制和躲避障碍。

异构融合芯片
惯性传感器
动力系统
陀螺仪
速度传感器
视觉传感器
语音指令识别
自平衡控制
动态感知
目标探测：跟踪
自动过障：避障

03 《阿凡达》中的科学
脑电信号采集

脑神经信号种类

诱发脑电信号
不需要进行训练，依赖于人的某种知觉，由额外的装置提供刺激，检测和处理方法较简单且正确率高。

P300事件相关电位
不同的外界刺激方式和心理因素引起不同的电位信号。阿凡达的视觉、听觉等均可产生这类信号。

视觉诱发电位
一定强度的闪光或图形刺激视网膜、视觉皮层或头颅骨外的枕区发生电位变化。可用于研究感觉机能、神经系统疾病、行为与心理活动。

自发脑电信号
不依赖外部刺激产生，但需要大量的特殊训练。

事件相关同步/去同步电位
肢体运动或想象运动，大脑感觉运动皮层产生的相应电位信号。可以通过想象阿凡达的运动产生信号。

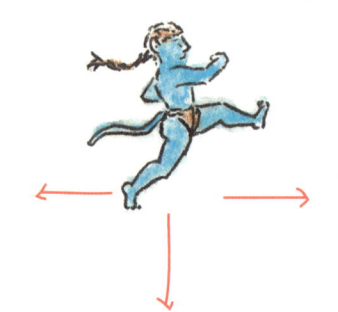

皮层慢电位
心理活动对应的脑信号，通过训练可以控制电位变化，甚至可实现对外界的文字交流。用于心理学、神经生理学领域研究。

自发脑电信号
在不同知觉意识下，脑电中不同节律呈现出各异的活动状态。《阿凡达》中主人公通过训练主动控制脑信号的变化波动，操作阿凡达一系列的动作行为。

脑电信号采集技术

脑电图
嵌入电极帽中的电极记录大脑的电活动，须事先安装并调试以获得良好的信号。便宜且便携，最为常用。《阿凡达》中的脑机设备也是采用了这种技术。

脑皮层电图
通过外科手术将电极植入大脑表面，可准确记录高频脑活动，具有更高的空间分辨率。电极一旦植入即可使用，无须每次准备。

深度电极
通过外科手术植入大脑的电极能记录一小群神经元的活动。类似皮层脑电图，这两种方法提供了大脑活动的不同图景。

38

行为控制　运动功能　视觉功能
思维功能　体觉功能

听觉功能

大脑的不同区域控制着不同的感官和行为，想要通过大脑控制阿凡达，首先要能获取阿凡达大脑的信号。

脑电信号采集

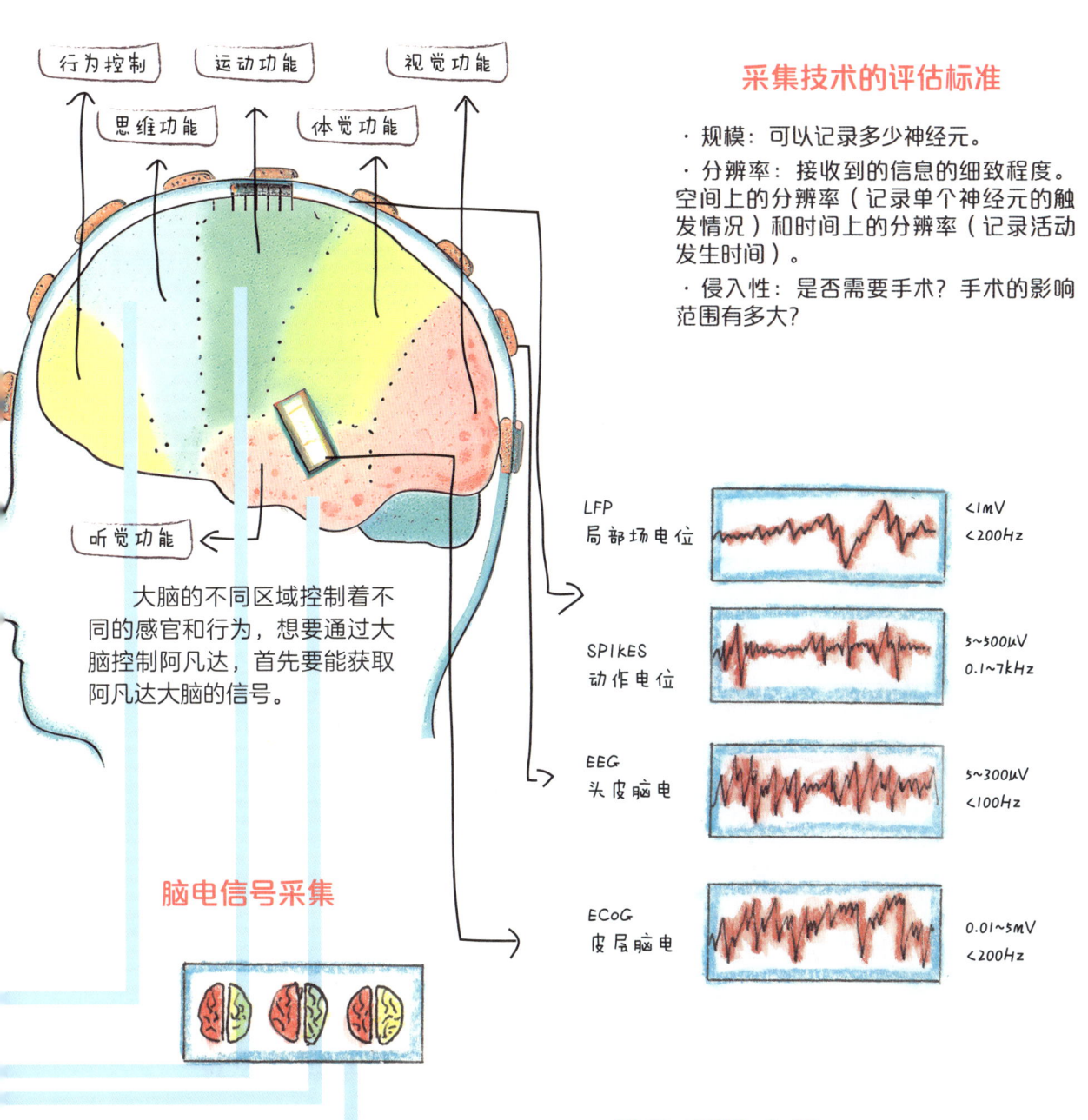

功能性磁共振成像

测量不同精神活动相关的大脑血流变化。这种设备需要非常强大的磁场，花费昂贵却够便捷。

采集技术的评估标准

· 规模：可以记录多少神经元。

· 分辨率：接收到的信息的细致程度。空间上的分辨率（记录单个神经元的触发情况）和时间上的分辨率（记录活动发生时间）。

· 侵入性：是否需要手术？手术的影响范围有多大？

LFP 局部场电位　<1mV　<200Hz

SPIKES 动作电位　5~500μV　0.1~7kHz

EEG 头皮脑电　5~300μV　<100Hz

ECoG 皮层脑电　0.01~5mV　<200Hz

信号采样与存储

· 减弱或除去采样过程中的干扰，如眼动干扰、声音干扰等，并保证原有信号成分特征不变。

· 电极帽采集获得模拟信号，在输入计算机处理之前，通过A/D板转化为数字信号，存储在计算机内进一步分析处理。

《阿凡达》中的科学
04 脑电信号处理

① 信号预处理

对采集过程中的干扰进行滤波处理，去除无关信号，保留并强化有效信号。

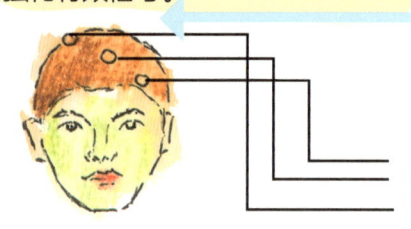

设备自身和线路环境干扰 → 去极限漂移、去工频干扰、带通滤波

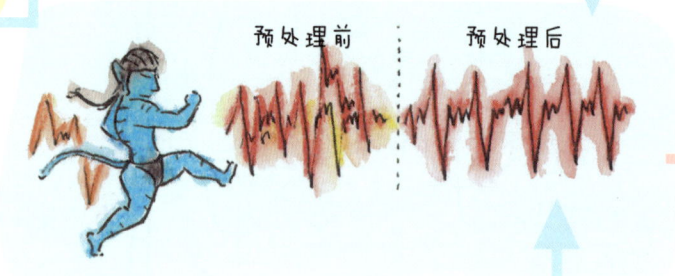

预处理前　预处理后

接口采集到指挥阿凡达跑步指令的脑电信号，但可能包含无效动作和其他干扰。

生理信号干扰如：眼动伪迹、肌电伪迹 → 自适应滤波、空间滤波、盲源信号分离

② 特征提取

针对具体任务，基于特征描述向量区分信号特征与无关成分，提取出具体的特征向量。

时域分析：滤波方法结合采样方式去除时域噪声，提高信噪比。提取幅值和幅值能量特征。
方法：拉普拉斯滤波、卡尔曼滤波等。

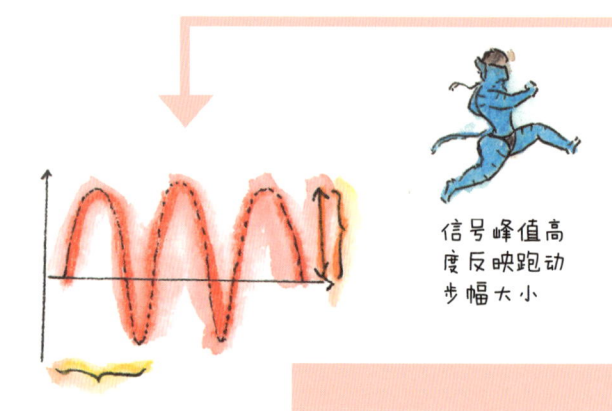

信号密集程度反映跑动摆腿快慢

信号峰值高度反映跑动步幅大小

频域分析：适用于短数据处理和脑电信号动态分析。
方法：快速傅里叶变换、小波变换、自回归模型等。

将实际控制效果实时反馈给用户，及时调整策略方案。不断调整阿凡达的跑步姿势使其逐渐熟练和适应。

④ 实施控制及反馈

将处理后的脑电信号转换成控制指令，来实时控制外部设备，并将控制效果反馈给用户来调整脑控制策略，提高控制效率。

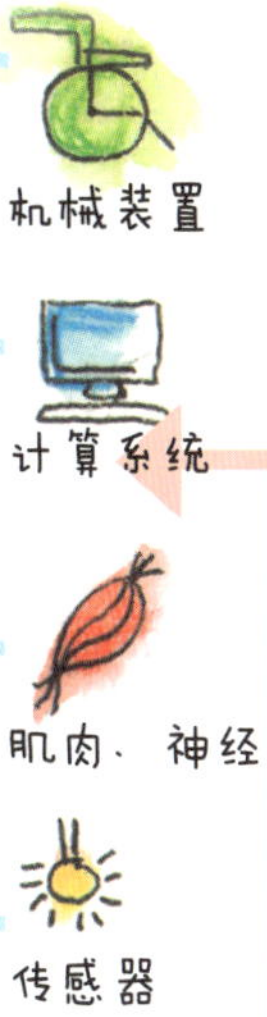

机械装置

计算系统

肌肉、神经

传感器

分类后有针对性地控制不同目标的身体部位，共同协调实现跑步。

尾巴信号
控制尾巴摆动，保持身体平衡

腿部信号
控制步幅大小和摆腿频率

手臂信号
控制摆臂动作，协调运动

③ 模式识别与分类

根据不同类型脑电信号特征，确定运动或意识的类型与特征信号之间的关系，简单说就是识别脑电信号所属的类别。

主要分类方法
线性判别分析、支持向量机、BP人工神经网络、贝叶斯分类法

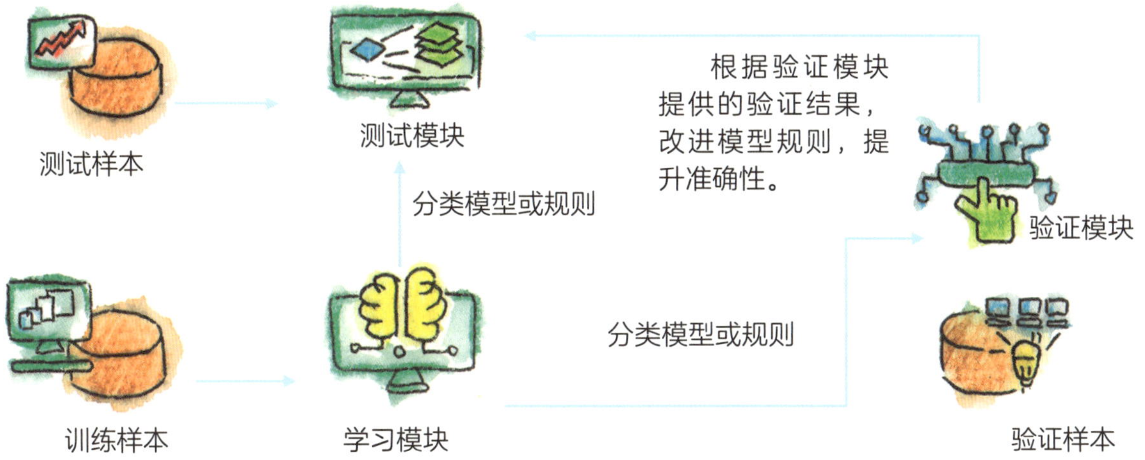

测试样本 → 测试模块

根据验证模块提供的验证结果，改进模型规则，提升准确性。

分类模型或规则

训练样本 → 学习模块

分类模型或规则

验证模块

验证样本

05 脑机接口
《阿凡达》中的科学

① 信号采集
主人公戴着的电极帽采集脑机信号，比如下达"跑步"指令，信号经过放大器并通过预处理，其中包括信号的滤波和转换，最后指令转化成数字信号传递给计算机。

② 信号处理
利用算法，从采集的信号中提取与意图相关的特定特征量。比如想要控制阿凡达跑步，可提取控制腿部的运动信号，并将该信号进行分类，传递给控制处理模块。

脑机接口的发展史

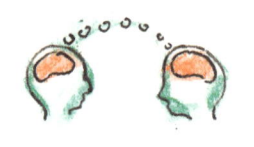

- **2014年**
  通过网络传输脑电信号实现直接的脑对接的交流。

- **2005年**
  科学家成功地让猴子利用大脑控制了机械手臂。

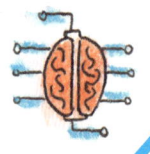

- **1998年**
  第一个大脑植入接口产生高质量的信号。

- **1970年**
  美国国防高级研究计划局（DARPA）开始探索脑机接口的能力。

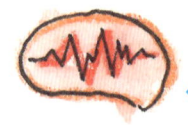

- **1924年**
  德国精神病学家汉斯·伯格发现了神经电的活动并记录成脑电图。这个记录设备就是我们所称的EEG（脑机接口）。

④ 反馈
获得外部反馈信息后再作用于大脑非常复杂。人类通过感知能力感受环境并且传递给大脑进行反馈，阿凡达的动作行为通过视觉、触觉、听觉、嗅觉和味觉等传递给主人公。通过跑步的结果反馈能够调整脑信号，决定加速还是转弯等。

③编码控制

将分析后的分类信息进行编码，如何编码取决于希望做成的事情。通过编码转换成实际的动作，将"想跑步"的信号转换为"迈开腿"的阿凡达的动作。

什么是脑机接口

通俗来说就是"脑"+"机"+"接口"。是在人或动物脑与外部设备间创建的信息交换通路，这种连接不依赖于常规大脑信息输出。主人公通过电脑仪器同阿凡达建立起信息交换，控制阿凡达的行为，同时也可以感知阿凡达的行为信号。

典型的脑机接口系统包含四个组成部分：信号采集部分、信号处理部分、编码控制设备部分和反馈环节。

脑机接口的种类

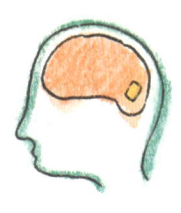

· 侵入式
· 通常直接植入大脑的灰质，神经信号质量比较高。但容易引发免疫反应和愈伤组织，导致信号质量的衰退甚至消失。

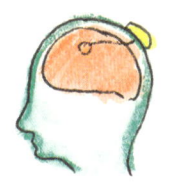

· 部分侵入式
· 一般植入颅腔内，但位于灰质外。空间分辨率不如侵入式，但是优于非侵入式，引发免疫反应和愈伤组织的概率较小。

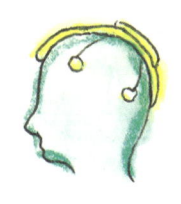

· 非侵入式
· 方便穿戴，避免了昂贵和危险的手术。由于颅骨对信号的衰减作用和对神经元发出的电磁波的分散和模糊效应，记录到信号的分辨率并不高。

43

06 万物智联

《阿凡达》中的科学

万物互联的"联"：感知化

监控摄像机、传感器、RFID等设备让现实社会中的事物与网络连接起来，打造"更透彻的感知"。

每个阿凡达的辫子上都有一个类似于接口的东西，启动接口接入网络即可与其他生物体取得联系。

万物互联的"互"：互联化

宽带、无线和移动通信网络连接形成"更全面的互联"，实现信息双向的流动和互动。

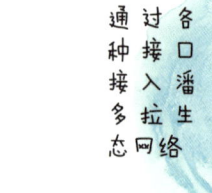

人、物通过各种接口接入潘多拉生态网络

连接技术	覆盖范围	传输速率
WiFi	50~100m	54Mbps
蓝牙	10m	1Mbps
ZigBee	100m	250kbps
LoRa	1~10km	50kbps
2G/3G/4G	1~10km	170kbps~100Mbps
5G	几百米	10G bps~20G bps
NB-IoT	1~10km	70kbps
eMTC	1~10km	1Mbps

非蜂窝通信网：终端需要SIM卡

通信网络是"通道"，最常见的有两类通信网络

蜂窝通信网：由电信运营商搭建

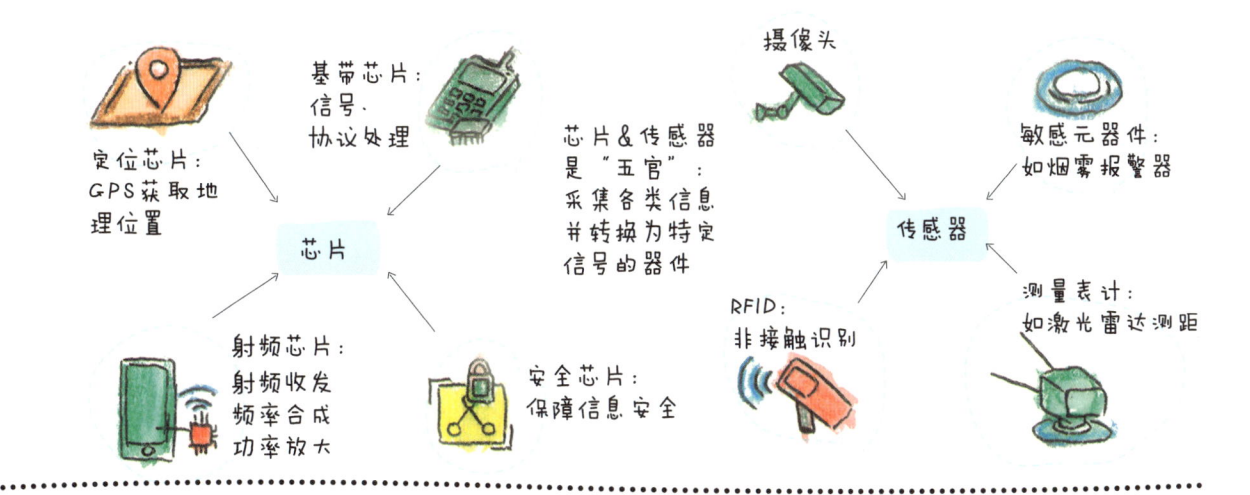

芯片
- 定位芯片：GPS获取地理位置
- 基带芯片：信号、协议处理
- 射频芯片：射频收发、频率合成、功率放大
- 安全芯片：保障信息安全

传感器
- 芯片&传感器是"五官"：采集各类信息并转换为特定信号的器件
- 摄像头
- 敏感元器件：如烟雾报警器
- 测量表计：如激光雷达测距
- RFID：非接触识别

万物互联的"网"：智能化

通过连接各类节点，形成纵横交错的柔性网络体系，高速分析工具和集成IT平台实现"更深入的智能"，完成协同、分工和合作。

- 摄像头实时监控车辆动态
- GPS记录出租车实时位置
- 司机：某某某
- 车型：某某
- 智能手机软件呼叫出租车
- 车1：5min
- 车2：6min
- 车3：4min

潘多拉星球就是一个万物互联的生态网络，庞大的生物神经网络让星球上的每一个生物体实现互联，达到信息传递与共享。

· 平台是"基础"：如车联网管理平台。
· 操作系统是"动脉"：如IOS、安卓系统。
· 智能硬件是"承载"：如车载记录仪。
· 集成应用是"落地"：如车辆调度、路线规划。

互动越频繁，交织的网络将会越密集，信息通道越多，解决方案就会越高效。

07 《阿凡达》中的科学
群体智能

什么是群体智能

目标解1：大花园

目标解2：小花园

大花园蜜蜂数 > 小花园蜜蜂数

有效解1：路线A

有效解2：路线B

影片中潘多拉星球上的飞龙走兽一起出动，有章法地向入侵者展开进攻。在自然界中的蜂群、蚁群、鱼群觅食、迁徙时都有类似的群体行为。

蜜蜂用"8"字形舞蹈表示食物方位和距离信息，引导蜂群前去采蜜。一条路上跳舞的蜜蜂越多，跳得越热烈，就会有越多的蜜蜂选择这一条路线。

尽管蜂群中没有一只蜜蜂承担着行动首领的角色，但是群体中好像有一只看不见的手，引领着整个群体的行动，实际上形成了一个可以共同处理数据并做出最优选择的实时系统。

群体智能指由众多简单个体组成的群体通过相互之间的合作产生智能行为的特性。

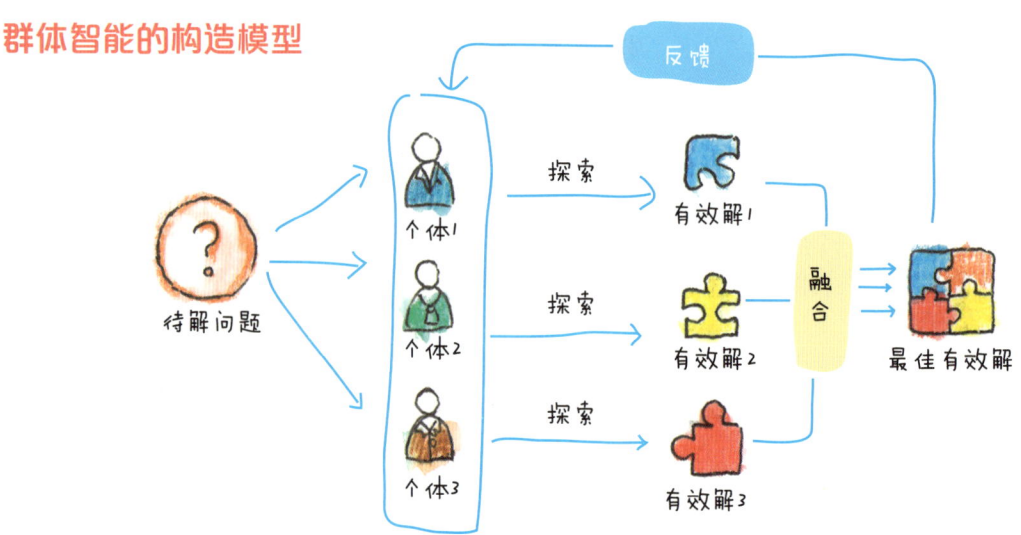

群体智能的构造模型

待解问题 → 个体1 → 探索 → 有效解1
       → 个体2 → 探索 → 有效解2 → 融合 → 最佳有效解
       → 个体3 → 探索 → 有效解3

反馈

典型群体智能算法

蚁群优化算法

蚂蚁会在经过的路径上释放信息素作为记号，每条路径都是一个可行解。路径越短，通过频率越高，累积的信息素越高，选择该路径的蚂蚁个数也越多。最终蚂蚁会在正反馈的作用下集中到最佳的路径上，即待优化问题的最优解。

鱼群优化算法

在一片水域中，鱼会自行或尾随其他鱼找到营养物质多的地方。

- 感知
- 行为
- 执行

模仿鱼群行为实现寻优

- 觅食行为：向食物逐渐增多的方向游去。
- 聚群行为：聚集成群来保证安全。分隔规则（避免过于拥挤）、对准规则（与邻近伙伴方向一致）、内聚规则（朝邻近伙伴中心移动）。
- 追尾行为：尾随身边发现食物的邻近鱼。
- 随机行为：在水中随机游动。

粒子群优化算法

- 每个粒子代表一只随机飞行觅食的小鸟。
- 虽然不知道食物具体位置，但通过香味等信息知道和食物的距离。

小鸟在飞行中记录和更新离食物最近的距离，同时通过信息交流来比较大家的位置，得到一个当前整个群体的最佳位置，即全局最优解。

08 《阿凡达》中的科学 异体操控

猴子"阿凡达"的远程控制

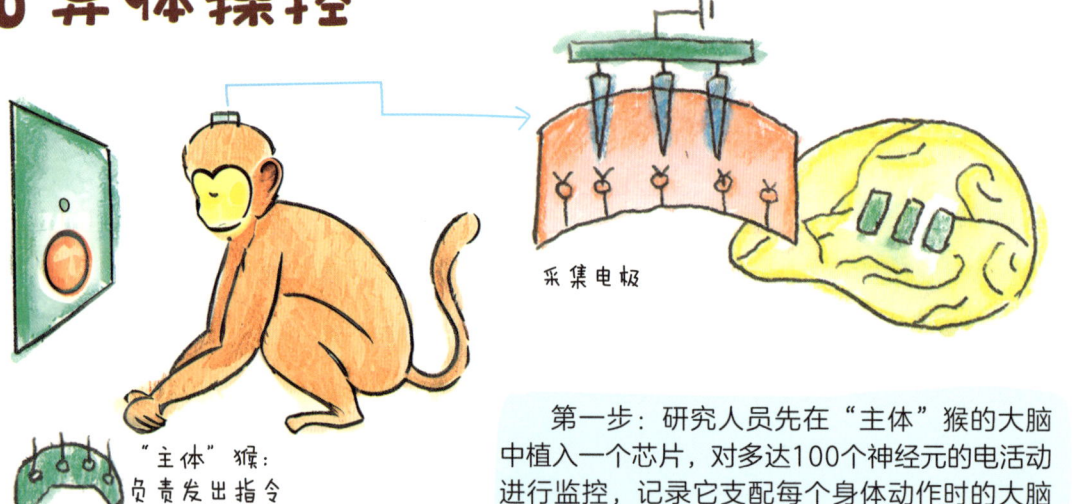

采集电极

"主体"猴：负责发出指令

第一步：研究人员先在"主体"猴的大脑中植入一个芯片，对多达100个神经元的电活动进行监控，记录它支配每个身体动作时的大脑神经元电活动。

在《阿凡达》中通过脑电波控制可以掌控外星人"阿凡达"的躯体。在现实中科研人员在猴子身上已经成功实现了这种异体操控，这一成果可帮助瘫痪者重新控制自己的身体。

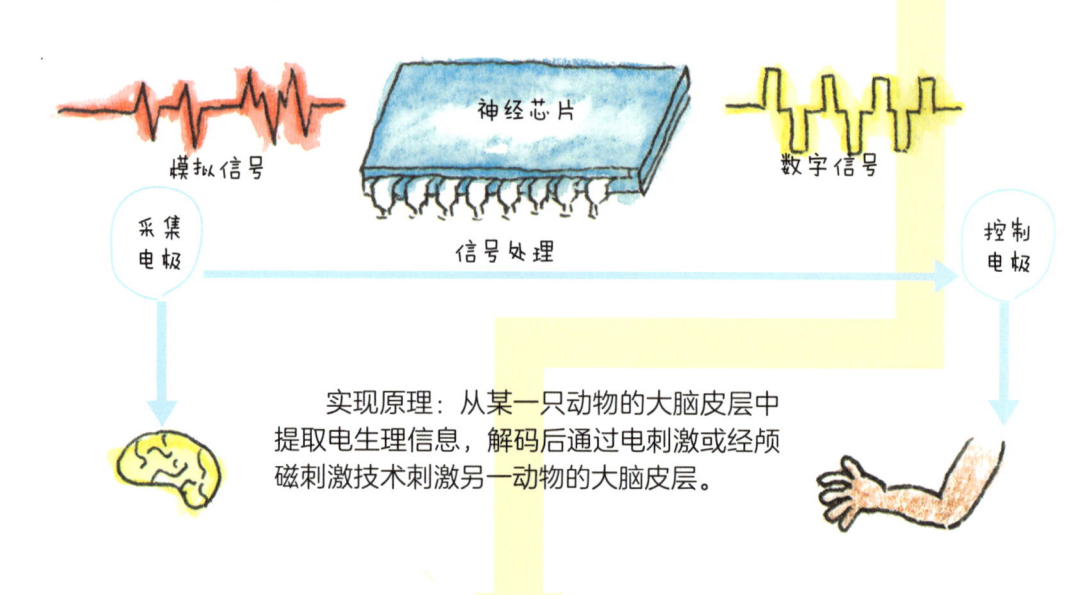

模拟信号　神经芯片　数字信号

采集电极　信号处理　控制电极

实现原理：从某一只动物的大脑皮层中提取电生理信息，解码后通过电刺激或经颅磁刺激技术刺激另一动物的大脑皮层。

第二步：在猴子"阿凡达"脊髓中植入36个电极，尝试刺激不同的电极组合以研究对肢体运动有何影响。

第三步：通过仪器将两只猴子身上的装置相连。

第四步：给"阿凡达"服用镇静剂，使它的身体动作完全由"主体"的脑活动所控制。

原始脑电信号

脑电信号活动热区

"阿凡达"猴子观察屏幕，产生操作设备的意识，采集电极将大脑中"抬臂-伸手-抓杆"的脑电信号收集起来。

第五步：特征提取。去除采集的脑电信号中的噪声，提取出有用的控制手部运动的信号。

去噪脑电信号

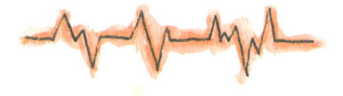

第六步：信号处理。提取出的脑电信号通过数字模型处理加工，"翻译"成多类型的数字信号。

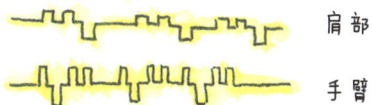

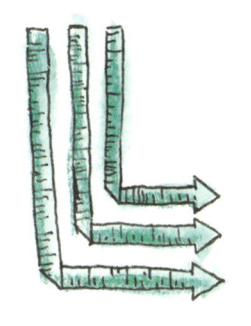

肩部信号

手臂信号

手指信号

第七步：信号传输。通过脑-脑接口，实现高速率、高精度、跨物种信号传输。受体生物通过控制电机接收电信号，做出相应反应。

第八步："主体"成功操纵"阿凡达"移动手中的操纵杆，使电脑屏幕上的光标上下移动，完成这一任务的成功率高达98%。

"阿凡达"猴：负责接收指令、完成动作。

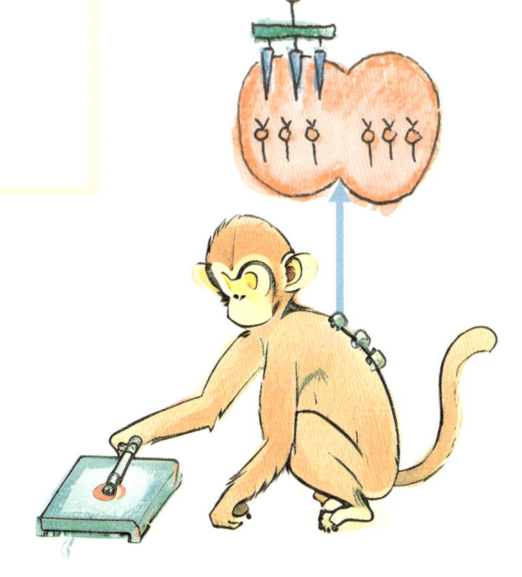

09 全息投影

《阿凡达》中的科学

把物体光波上各点的位相和振幅转换成在空间上变化的强度。利用干涉条纹间的反差和间隔，记录下物体光波的全部信息。

全系投影又称虚拟成像技术，利用干涉和衍射原理，记录并再现物体真实三维图像。

第一步：拍摄

利用干涉原理，记录生命之树的光波信息。

平面镜

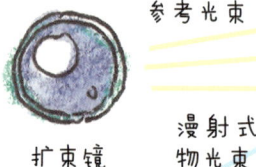

一部分激光作为参考光束射到全息底片上和物光束叠加产生干涉。

参考光束

扩束镜

漫射式物光束

物体：生命之树

激光器

分束镜

被摄物体在通过分束镜的一部分激光辐照下，形成漫射式的物光束。

全息图的每一部分都记录了生命之树上各点的光信息，故原则上它的每一部分都能再现大树的整个图像，通过多次曝光还可以在同一张底片上记录多个不同的图像，而且能互不干扰地分别显示出来。

目前广泛应用的三种全息投影技术

①空气投影技术

类似于海市蜃楼，将图像投射在水蒸气液化形成的小水珠上，不需要借助复杂的设备就可以直接在空气中显示层次和立体感很强的图像。

②激光束投影技术

利用氮气和氧气混合成气体后，变成灼热的浆状物质，通过在空气中连续小爆炸并投射激光，形成全息图像。

全息干板　　　　　　　　　全息图

　　　　　显影
　　　　　定影

第二步：成像
利用衍射原理再现物体光波信息。

扩束镜

平面镜

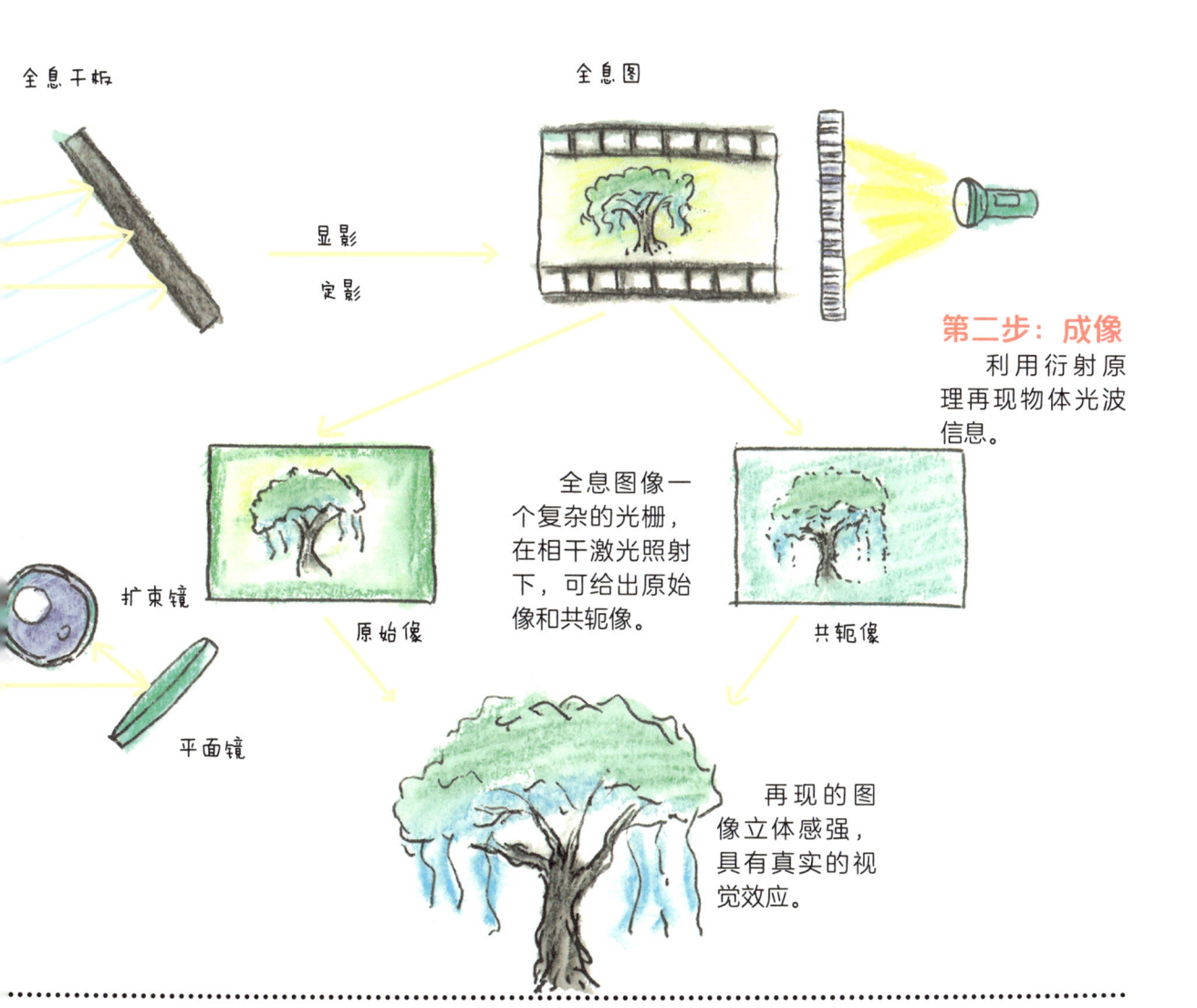

原始像

全息图像一个复杂的光栅，在相干激光照射下，可给出原始像和共轭像。

共轭像

再现的图像立体感强，具有真实的视觉效应。

③ 雾幕立体成像技术

借助空气中的微粒，通过镭射光在空气中成像，雾化设备产生人工喷雾墙，将投影仪中的图像投射到雾气屏幕上，形成全息图像。

《阿凡达》中的科学
10 智能外骨骼

通俗的说法，包裹在肉外面的骨骼就是外骨骼，比如蚂蚁、螃蟹等生物就有外骨骼。

外骨骼是一套穿在体外、具备"骨骼与肌肉"功能的机器，能有效提升穿戴者的负重上限、防护能力和对复杂环境的适应能力。在《阿凡达》中反派角色正是驾驶一套外骨骼装甲同阿凡达展开对战的。

人-机协调运动系统

人体运动的采集分析和数学建模至关重要。
通过分析运动规律、从模仿人的运动到预测人的运动，可增强外骨骼机器人穿着的舒适性。

历史数据　模型分析　动作预测

快速响应和良好的人-机协同直接影响穿着舒适度。

· 响应和协同速度过慢，运动过程中会明显感觉到有额外的阻力。
· 响应和协同速度过快，又会给人增加额外的推力，运动时难以与自身重心相配合。

伺服驱动系统

载重托盘
机械关节
伺服电机
液压传动装置

外骨骼的刚性结构决定它具有很好的应力遮挡效应，可天然承受并传导巨大重量，保证安全。

通过高速电机配合大减速比减速器的方案，结合液压推杆或气动肌肉，可以实现输出力量成倍地放大，延伸我们的力量极限。

信息采集处理系统

天气　地形　温度

通过多传感器融合技术，感知外部环境变化

肌肉运动

脑电活动

外部信号　反馈信号

模拟人的神经反射弧通路，搭建控制闭环

大数据采集和分析建模以及通过新型控制理论和算法，让外骨骼能够理解甚至预测使用者的运动意图，更好地配合人完成各种动作。

能源系统

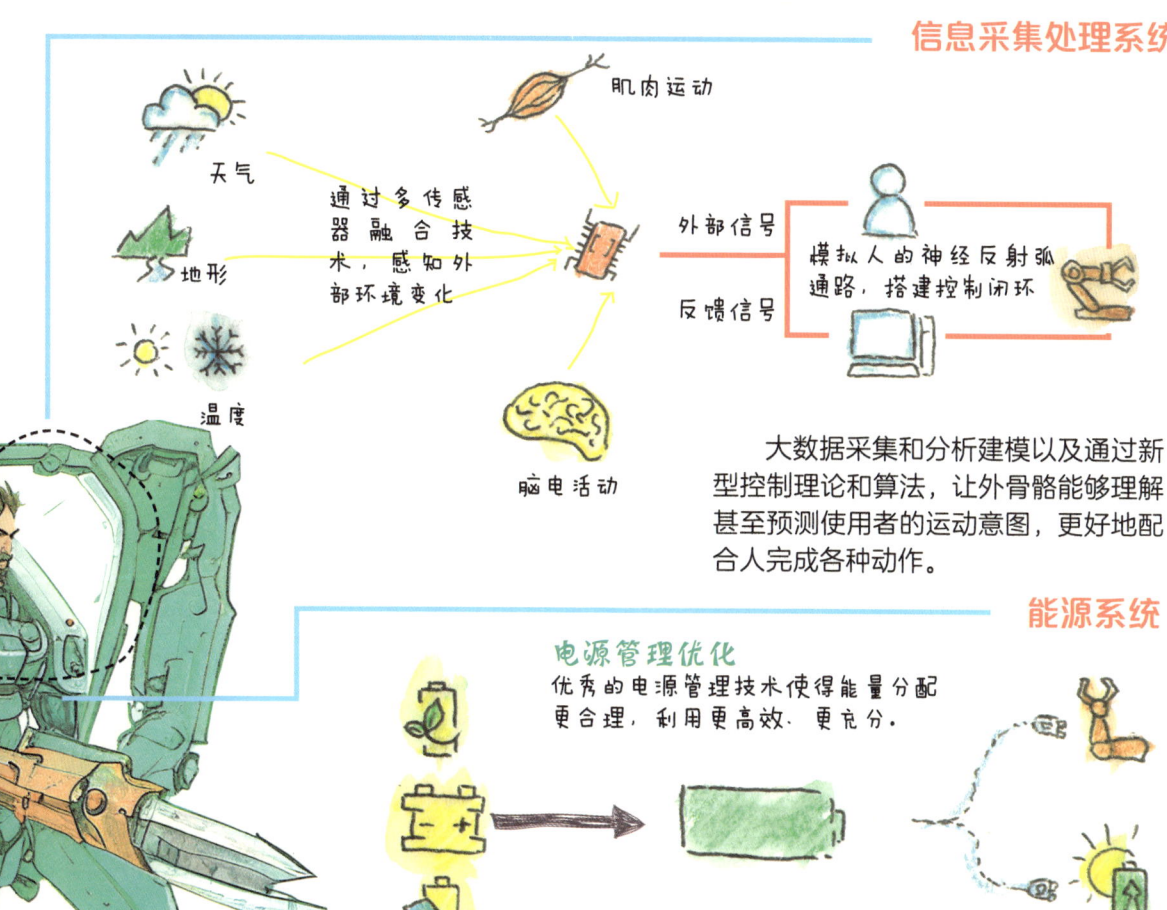

电源管理优化
优秀的电源管理技术使得能量分配更合理，利用更高效、更充分。

储能技术
纸电池、石墨烯电池、铝离子电池、钒电池等新型电池可提升能量供给量。

充电技术
快速充电技术、运动回收能量充电、薄膜太阳能充电。

人体仿真结构

结构设计、人体工程学、生物力学等多学科交叉融合。

新型轻质材料结合3D打印技术使外骨骼与人体更加贴合。

刚性和舒适性兼顾：人体表面是柔软曲面，合理设计保证贴合性的同时，硬质的外骨骼还能提升人体的力量。

53

? 下面的问题你思考过吗？

1. 在大脑中植入芯片，除了芯片的研制，还要考虑哪些问题？

2. 如果可以实现脑机接口，你最想和什么设备连接？为什么？

3. 如果在你用大脑控制操作时，你走神了，可能会发生什么？

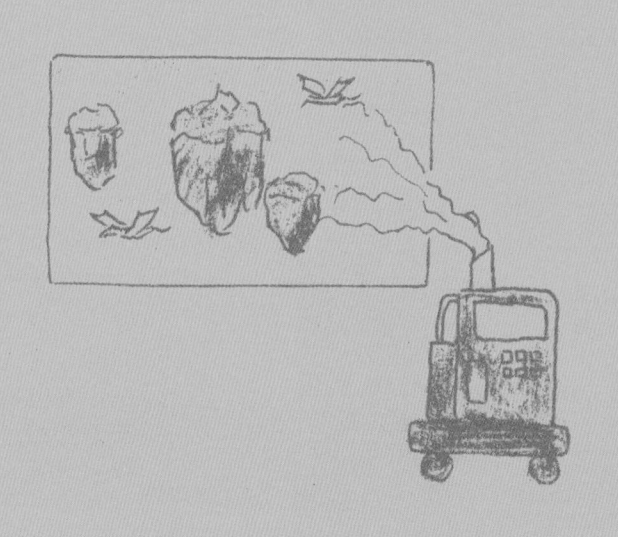

4.你觉得可以实现多人同时控制一个"阿凡达"吗？在什么场景下有这个需要？

5.潘多拉星球中的悬浮山可能实现吗？为什么？

6.如果你控制的"阿凡达"受伤了，你会跟着疼吗？

7.潘多拉星球上的群体智能在地球上可能实现吗？需要满足什么样的条件？

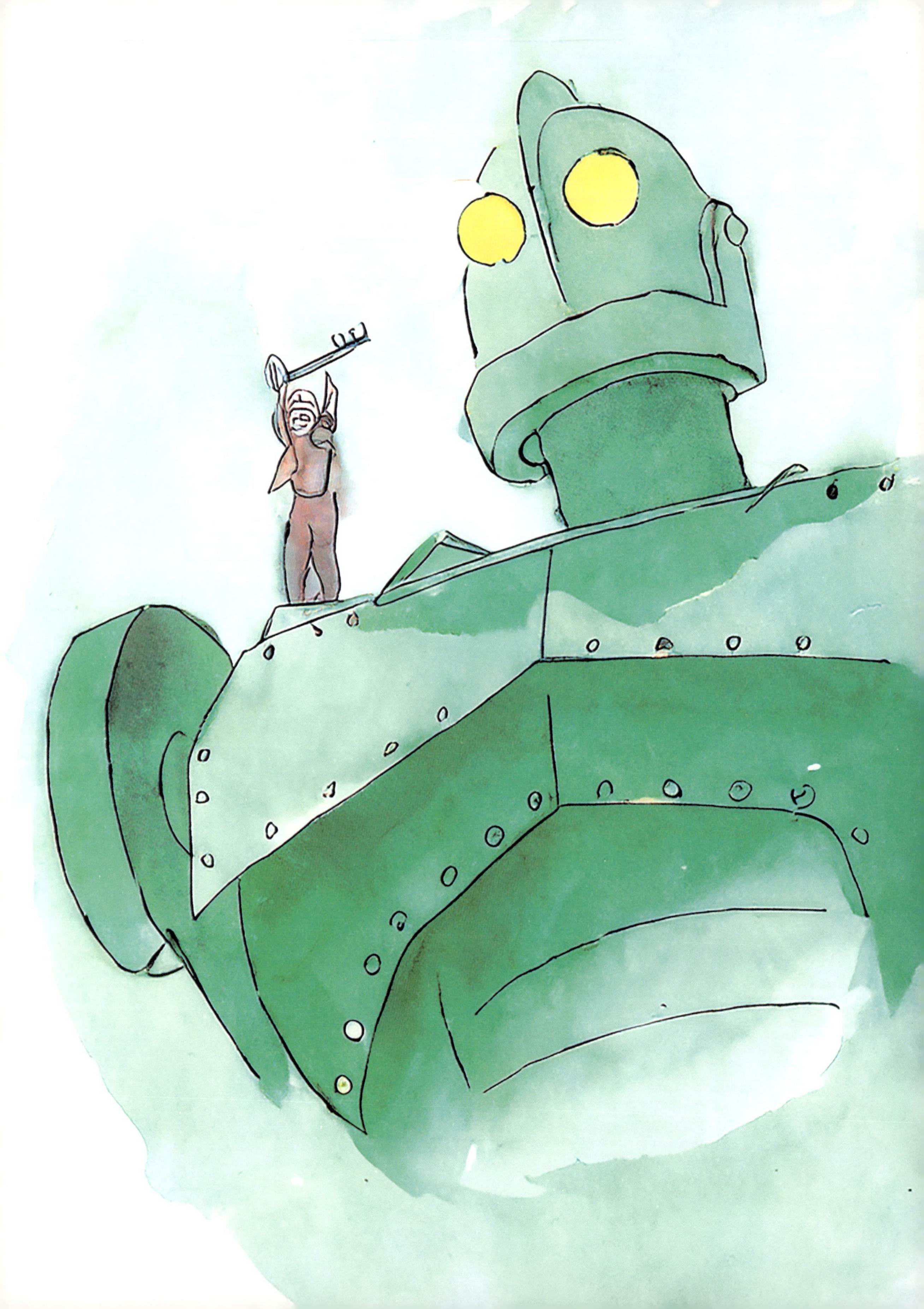

《头号玩家》中的科学

《头号玩家》是由美国华纳兄弟影业、安培林娱乐、威秀影业出品,在2018年上映,由史蒂文·斯皮尔伯格执导的经典科幻电影。电影讲述了在2045年虚拟现实游戏成为人们热衷的事物,通过虚拟现实设备让主人公身临其境地经历各种惊心动魄的游戏场景,向人们展示了未来虚拟现实科技的发展场景。

1
姐姐，快来看我画的虚拟世界，天上还有海市蜃楼城堡呢！

2
穿粉衣服的是你，穿蓝衣服的是我吗？
对，我们都是公主。这个男生就是住在海市蜃楼城堡里的王子。

❸

再给姐姐添加一个伙伴，我就可以和王子去城堡玩了。

❹

这么小就想着和王子去城堡……

10 虚拟社交互动

08 虚拟表情追踪

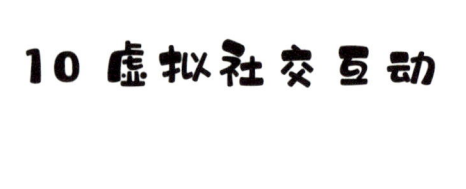

03 虚拟场景构建

09 虚拟动作交互

04 虚拟视觉绘制　　01 虚拟现实

05 虚拟声音渲染

07 多感官体验

06 虚拟触觉反馈

02 虚拟现实设备

61

01 《头号玩家》中的科学 虚拟现实

20世纪50—60年代早期研究： 美国摄影师海里戈发明了第一台VR设备 Sensorama。

20世纪30年代科学幻想： 小说《皮格马利翁的眼镜》中，提到了一种可感知角色感受的眼镜。

VR发展史

1968年：美国科学家伊凡·苏泽兰发明了最接近于现代VR设备概念的VR眼镜原型。

VR清晰度

PPD（每一度视场角的像素数）：正常使用手机时，屏幕在视野中水平所占据度数大约是10°。若屏幕宽度为640个像素，每一度视场角分配64个像素，即64PPD。

10度
iPhone4: 640像素

通常认为达到60PPD的图像才能算得上是达到视网膜分辨率。

通常2D的360° 4KVR视频以1:2的长宽比例拉伸平铺到VR设备球面上。视频横向PPD只有4K/360=11PPD。通常需达到20PDD才能基本满足观看需求。

20世纪90年代第一次VR热潮： 任天堂出品Virtual Boy，只支持红黑两色显示。

1984年，VPL公司的杰伦·拉尼尔首次提出"虚拟现实"的概念。

这个时期显示器技术、3D渲染技术、动作检测技术并不成熟，观看体验达不到可用标准。

更高带宽和频谱效率，减少延迟，提高传输速度，提升体验

5G优势 → 低延迟 / 大带宽 / 海量接入

5G传输速率和稳定性让高清体验成为现实

云端存储和高速计算，将画面和指令传输到设备，消除设备对计算的依赖。

2012年VR热潮重启：
2012年Oculus Rift问世。

2014年，Google发布VR体验版解决方案：CardBoard，消费者能以非常低廉的成本通过手机来体验VR世界。HTC的Vive，智能机设备Gear VR和PS4设备PSVR登场，2016年成为VR元年。

VR基本概念：通过电子信号，将现实生活中的数据与各种输出设备结合使其转化为能够让人们感受到的现象。这些现象可以是现实中真真切切的物体，也可以是肉眼所看不到的、由三维模型表现出来的感受。

虚拟现实（VR）与增强现实（AR）

虚拟现实：视野中的整个环境都是虚拟出来的，跟现实场景可以没有任何关系。代表作电影《头号玩家》。

增强现实：视野中仍然有现实世界的影像，在影像之上额外叠加上虚拟的物体，叠加的物体跟现实场景有所互动。代表作游戏《宝可梦Go》。

光学结构区别

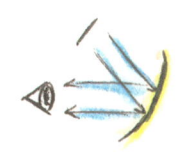

光学相对简单：凸透镜成像。屏幕和镜片之间需保持一定距离，以保证正确成像，在当前很难实现小型化。

离轴反射：显示屏的内容，通过一个透明反射镜面，反射到眼睛里，外面景物也透过镜面进入眼睛，实现虚实景物叠加。

Birdbath：显示的内容投在一个半透的分光镜片上，相比离轴反射结构简单。

光波导：成像光线从侧面在镜片内部通过反射传播入眼。

定位识别技术区别

Inside-out空间定位技术：头盔上的摄像头拍摄外部景物，对头部的姿态做实时定位来反向估计自己的姿态，进行定位识别。

SLAM实时定位与建图技术：摄像头拍摄现实场景，检测追踪各种特征点进行3D建模、平面检测。现实场景的3D形态转化成数字信息后，虚拟物体才能比较真实地放置到现实场景中。

02 虚拟现实设备
《头号玩家》中的科学

VR头盔中先进的视网膜屏幕能够将绿洲的世界直接投射到人眼的视网膜上。

头部追踪设备：眼前的画面会随着你向上下看、左右看、转头看而移动。

眼动追踪设备：内部的红外线传感器监控用户眼睛的运动，调整视频方向。

3D音频：相对位置的音频让你听到好像是来自后面、上面，甚至下面的声音。

VR头显
封闭外界的视觉、听觉，给玩家提供一个沉浸式的全息画面，让玩家沉浸在虚拟世界里。

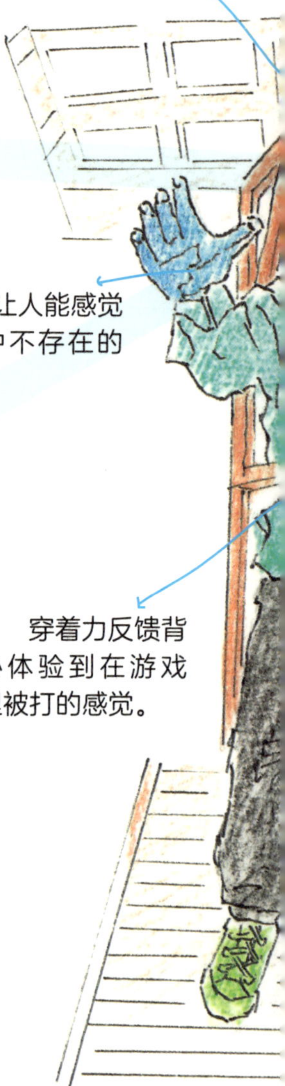

手指部分集成了电极、传感器以及感应电路，用来检测手部的动作。卷曲或伸直手指时，电路将施力在传感器上的信息传递到VR设备中。

VR手套
手套内部有上百个传感器单元，可以和VR控制器联动。当玩家在虚拟世界里触摸时，手套便会改变内部的空气压力来模拟相应的触觉。

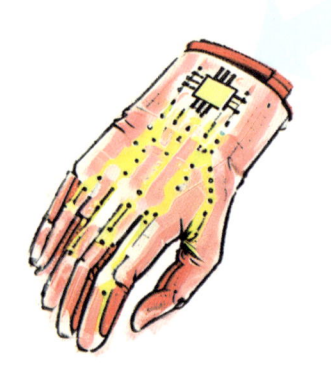

触觉手套让人能感觉到现实世界中不存在的东西。

穿着力反馈背心体验到在游戏里被打的感觉。

VR中的眩晕问题

辐辏调节冲突：在VR中看向不同距离的物体时，两眼之间的夹角和物体距离关系的辐辏角不断变化，打破了原本大脑里习惯的对应关系，造成一定程度的眩晕。

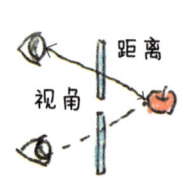

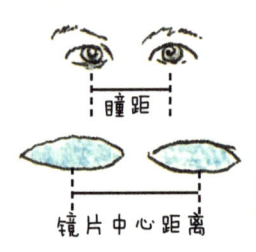

瞳距不匹配：在一定范围内，大脑可以自适应瞳距与VR眼镜镜片中心距离的小幅度差异。但差异较大时，双眼就难以对焦到同一个物体上，从而带来眩晕感。

全方位跑步机可以使玩家朝任意方向无限奔跑并保持玩家在平台最中央，还可以模拟上台阶和走斜坡的情况。

体感衣覆盖了玩家全部身体，外部的一层精密传感器可以感受并传输动作，辅助玩家在绿洲里更好地行动。

VR体感衣

以生物电的形式来将感觉由神经系统传到大脑，模拟触感和温度。嵌入多个传感器能够检测运动、呼吸、体温等数据。

手臂传感器：能够捕捉精准运动，并实时同步到游戏中，开枪或操作方向盘都能实时互动。

万向跑步机

由两部分组成：一部分是支撑架，负责固定玩家的身体，另一部分是跑步台，负责提供舒适的步行体验。

万向环：可以检测上半身方向。平衡系统保证运动不受环的重量影响，实现自由无缝的上下运动。

特制跑鞋：装备精准追踪模块，用于同步玩家运动。

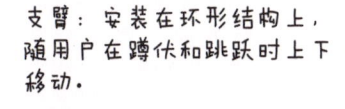

支臂：安装在环形结构上，随用户在蹲伏和跳跃时上下移动。

低摩擦底盘：为自然步行步态提供完美的摩擦系数。内置光学传感器用于检测步态、移动方向和速度。

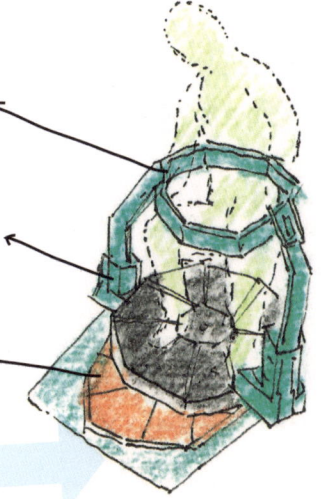

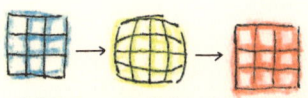

原图 → 反畸变 → 经过凸透镜

反畸变不准确：被凸透镜拉伸的图像需要进行反向扭曲（反畸变）来校正。

反畸变的参数与透镜畸变参数不匹配，会造成最终显示效果不佳，边缘处仍然有一定扭曲。转头时会感觉场景在晃动。

定位精度不够或较大显示延迟：图像显示与头部运动不完全匹配，人眼视觉暂留现象会保留上一帧和这一帧的图像，图像就会造成拖影，导致眩晕。

03 《头号玩家》中的科学
虚拟场景构建

第一步：数据采集

用图形表示所创建和成像的数据被称为构造场景。需要获取一系列的对象数据来提供创建材料。

· 静态数据获取：三维扫描仪。
· 动态数据获取：运动捕捉设备。多摄像机实时重构三维数据。

光源对象：场景中有向光源的位置和方向。不同光源下场景物体的呈现有所差异。

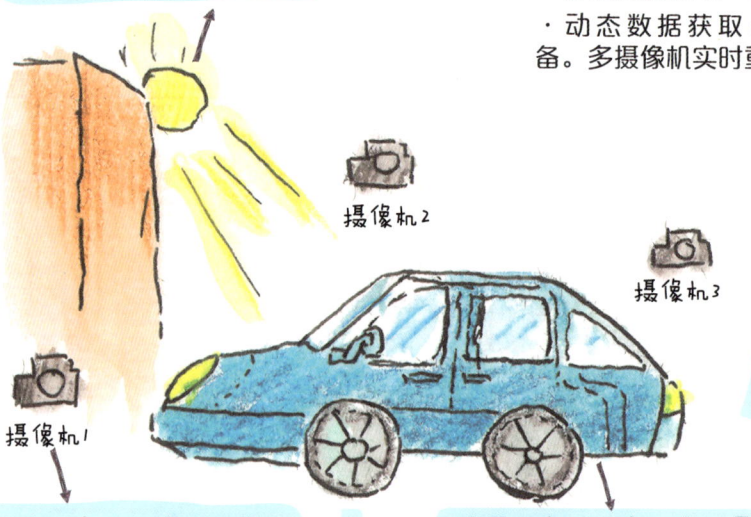

摄像机2

摄像机3

摄像机1

视点对象：根据参与者运动动态改变视点，在构造的环境中漫游和浏览。

传感器对象：控制对象位置和方向，改变场景对象行为，控制参与者视点。

几何对象：场景基本元素，包括静态特征（位置、方向、材料、属性）和运动特征（运动、行为、约束条件、力的作用）。

第四步：实时驱动

通过立体显示增强真实感，浏览场景时产生身临其境的感觉。

交互：通过操纵设备切换场景中视角，转头、加速时切换眼前场景，反馈玩家。

基本原理：通过三维建模软件在三维空间建立与现实物体一样的三维模型，获取现实物体的属性和纹理数据对模型进行渲染，得到仿真模型后通过数据转换进行动态仿真演示。

实时：对场景中物体控制命令获得即时响应。随着车辆的行驶不断变换眼前景象。

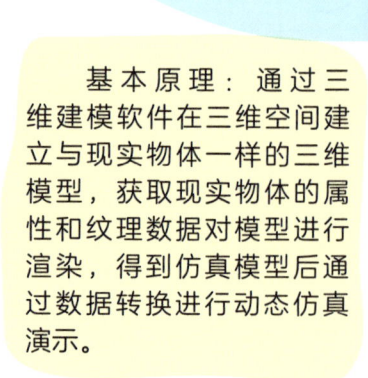

66

第二步：三维建模

要求模型的几何外观逼真，具有复杂的物理属性和良好的交互性，是虚拟技术中的核心内容。

几何建模：基于物体几何和形状等信息来表示，研究图形数据结构等问题。

通过圆形、矩形、三角形等几何图形，基于三维数据描述出车体的几何形状。

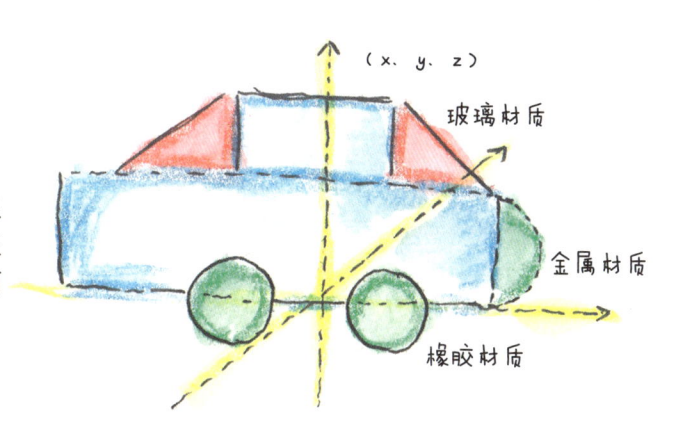

(x, y, z)
玻璃材质
金属材质
橡胶材质

物理建模：给一定几何形状的物体对象赋予特定的物理属性。车身不同部分材料、颜色、质感不同，生成出不同的模型特征。

运动建模：处理物体运动和行为。考虑物体具体位置和平移、碰撞、旋转灯变化效果。如汽车在行驶中的加速、刹车、转弯等。

第三步：仿真渲染

将模型数据转换成可视的图形影像。

① 数据载入
计算控制设备输入，如VR眼镜的视角等。载入模型数据，计算视点和模型位置。

② 截取
搜索建模生成的数据结构，将可能在当前屏幕显示部分加入显示列表，同时清除不显示部分。

③ 绘制
展示列表写入缓冲，绘制当前帧。通过计算机模拟绘制出当前所视场景，并呈现在屏幕上。

67

《头号玩家》中的科学
04 虚拟视觉绘制

简单来说虚拟视觉就是把一个显示器罩在人的眼睛上,人向哪里看,就在显示器里显示对应方向的景物,从而让人感觉自己身处一个无限大的虚拟空间中。

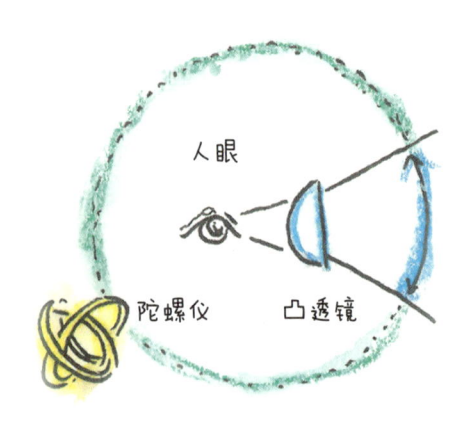

虚拟视觉的原理

凸透镜放大人眼看到的即时图像范围,产生90~120°范围的图像视野。

处理器: 用来生成图像,根据陀螺仪数据计算姿态定位。图像刷新率达到90Hz以防止眩晕。

效果类似三通道环幕投影系统。当人转动头部时,陀螺仪能够及时地通知图像生成引擎更新画面,产生360°的三维空间感。

凸透镜片: 通过折射光线,将显示器上的画面成像拉近到视网膜位置,轻松看清几乎贴在眼前的显示屏。

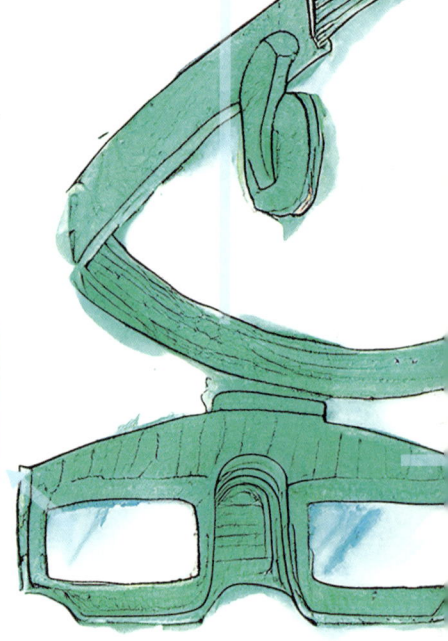

左右眼每一时刻看到的图像是不一样的,上图是两幅区别左右眼位置的不同头像,从而产生很强烈的立体纵深感。

陀螺仪的自由度

3dof自由度:可以检测到头部在上下、左右、前后3条轴上的转动,但是不能检测到头部的前后左右的移动。

VR眼镜分类

手机盒子:体验级产品。用户手机担任处理器+显示器+陀螺仪的角色,VR眼镜本身只提供了一个凸透镜,这类眼镜成本非常低。

VR头戴显示器:为了达到极优秀的显示效果,需要连接PC,使用PC的CPU和显卡来进行运算。

陀螺仪：检测物体在空间中的姿态/朝向，使显示器里的景象，随着人头部的运动而实时变化。

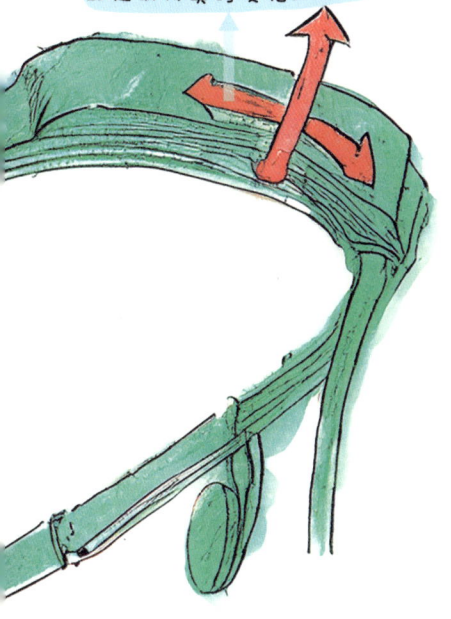

影片中的虚拟视觉表现

向前看：当主人公通过第一关，VR眼镜的屏幕显示两幅金刚图像时，眼前可以看到一个金刚的三维图像。

向四周看：当听到汽车爆炸声在左耳响起，把头扭转过去，这时候金刚图像会移到右边。

向左看：爆炸的汽车出现了，两个耳机同时传入声音，仿佛爆炸发生在面前一样。

显示器：分别向左右眼睛同时显示图像。它们间的细微差别使大脑结合起来产生一个三维情景。屏幕分辨率越高，配备的处理器越强大。

6dof自由度：可以全面检测头部空间和角度信息，《头号玩家》中以及现实中比较先进的VR眼镜都支持6dof自由度的检测。

一体机：自带显示器、陀螺仪、计算模块的机型，不需要额外插入手机就可以运行。

05 虚拟声音渲染

《头号玩家》中的科学

方向定位

侧面：当声音靠近左侧时，左耳将会比右耳更先听到声音，并且音量更强。通过两耳间的声音到达的延时，或双耳听到音量的不同来定位。

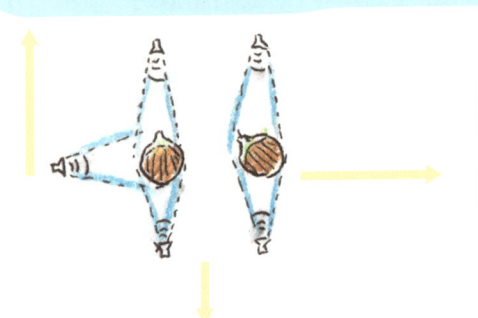

前/后/高度：不同方向的声音与人体的交互不同，大脑通过光谱差别来推断声源方向。如靠近前方的声音会和耳郭内部形成共振，而靠近后方的声音则会被耳郭减弱。

头部运动：旋转头部就可以把一个困难的前/后定位问题变为侧面定位问题。

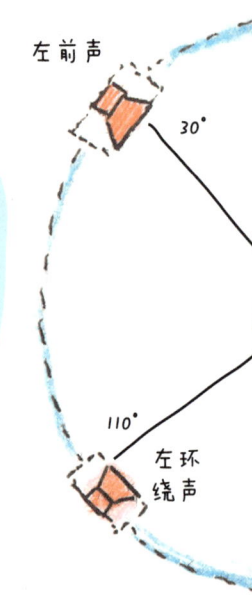

左前声 30°

左环绕声 110°

敌人在左侧攻击

声音怎么放

以用户为中心，在整个球形的区域内安排声音位置，确定某一方向基准后，画面内容与用户位置也相对确定。

通过水平和垂直转动控制视角在360°球形范围的朝向，以及与画面配合的水平方向和垂直方向上的环绕声音的变化。

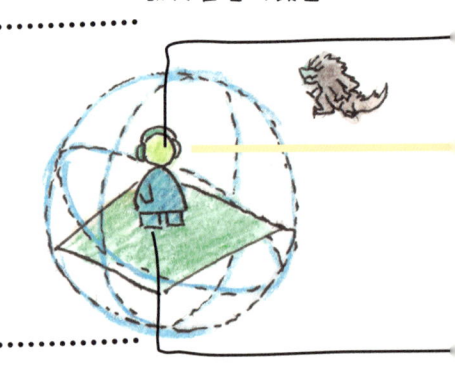

常见的VR声音设备

固定式设备
即扬声器，允许多个用户同时听到声音，常用于投影式VR系统。

耳机式设备
单个用户使用，更易创建空间化声场，隔离真实世界，提供更好的沉浸感，便捷方便。

语音交互设备
通过语音操纵电子设备，进行信息交互，查询讯息。

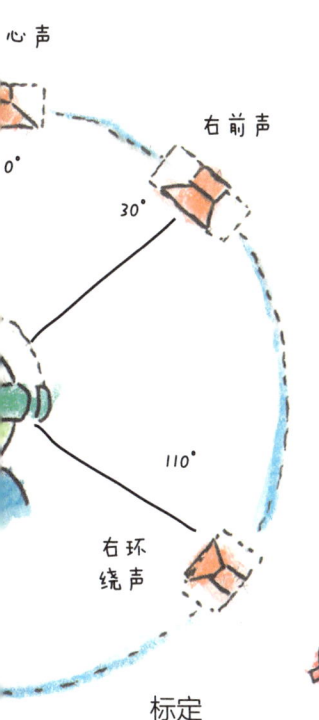

距离定位

高频衰减：长距离下可通过高频衰减来推断一下距离。

运动视差：近处的汽车可以从左边很快地飞驰到右边，但是远处的飞机可能需要好多秒来达到同样的效果。来自附近声源的运动相对更快。

声音和混音的比例：听到的原声比混声越多，离声源越近。

声音大小：借助参照或依靠其他的信息，相对音量的改变来判断一个声音是接近还是远离。

起始时间延迟：声音和回声的区间越长，离声源越近。

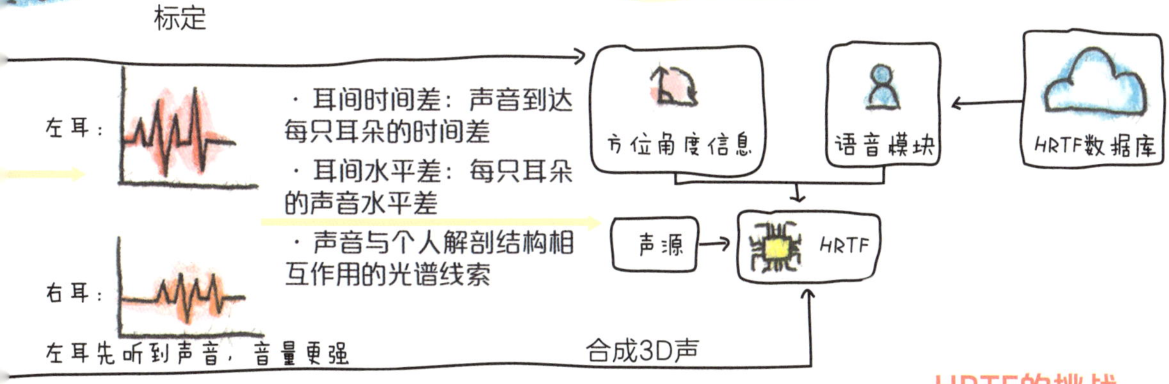

标定

左耳：
右耳：
左耳先听到声音，音量更强

- 耳间时间差：声音到达每只耳朵的时间差
- 耳间水平差：每只耳朵的声音水平差
- 声音与个人解剖结构相互作用的光谱线索

方位角度信息　语音模块　HRTF数据库
声源 → HRTF
合成3D声

HRTF工作原理：测量两只耳朵所听到的声音的属性并进行对比，通过耳机的个性化校准来提供最逼真的声音体验。HRTF对声波形状有着微妙但复杂的影响，可以帮助定位声音的方向，并将相应的模型变为可集成至耳机中的算法。

HRTF的挑战

- 头部追踪 
- 头部形状识别 
- 个性化校准

声音怎么听

HRTF头部传送函数技术能够计算并模拟出声音从某一方向传来以及移动变化时的效果，类似于一个滤波器，对原始声音进行频段上的调整，使其接近人耳接收到的听感效果，并通过耳机播放。

06 虚拟触觉反馈

《头号玩家》中的科学

影片中，男主角戴着触觉反馈手套，能够感受到"手中"的虚拟物体。通过全身的VR套装，还能感到施加于身体的冲击力。现实中的基于触觉传感器的三类反馈系统可以帮你实现这一梦想。

导电橡胶式：触头受压后，导电橡胶改变电阻影响电流。

含碳海绵式：含碳海绵受压后电阻减小，电流的变化反映受压程度。

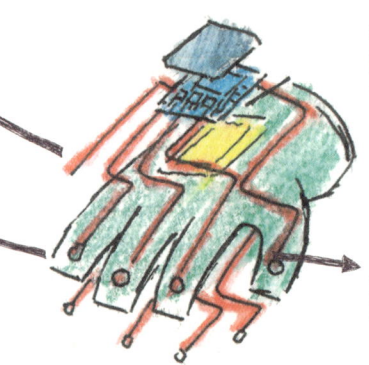

气动复位式：柔性绝缘表面受压变形，靠压缩空气复位的弹性圆泡与触点接触而导电。

触觉传感器类别

振动反馈系统： 电动马达等震子引发震动反馈，不依赖视觉信息，通过波形、振幅、振动频率及持续时间传达触觉信息。

抓握式反馈设备： 由皮肤、肌肉、肌腱和关节中的神经元传导运动，位置和力的作用产生的动觉感觉。

触觉反馈手套： 惯性测量单位准确地跟踪位置、速度和运动方向。

状态记忆合金制成的换能器，通过电流时产生形变，模拟物体的光滑度和粗糙度。

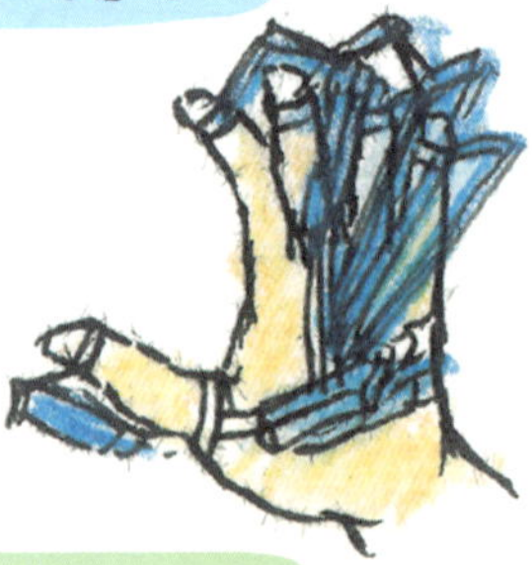

多个小型触觉振动器可独立编辑不同强度的触感压力，产生单一频率或持续性振动，感受到虚拟物体的外形。

点阵装置反馈系统： 将二维阵列嵌入触觉设备，模拟触摸物体时的感觉。系统较为复杂且对模拟物体的同步要求较高。

触摸式反馈设备： 卡尔伯森数据驱动触觉设备，模拟物体表面的粗糙度、硬度和光滑度。

采集物体划过各种表面材料时的数据，不同的振动对应不同的纹理。当用笔划过屏幕时，就能在屏幕上获得相应的振动反馈。

压力反馈系统： 用户操纵设备时，设备提供主动的反馈压力使用户获得触觉效果，在力学反馈过程中模拟真实世界的碰撞效果。

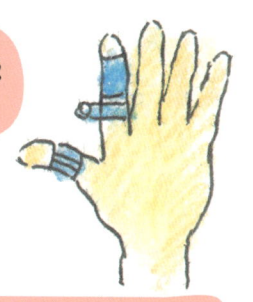

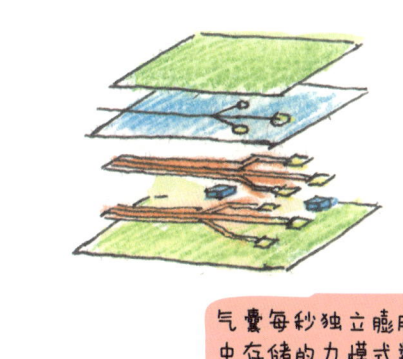

穿戴式反馈设备： 利用皮下神经传导压力、摩擦或温度等触觉感受。

气动驱动器皮肤：现实中的影片体感衣材料，厚度小于2毫米且包含微小气囊的柔软硅胶。

气囊每秒独立膨胀和放气几十次，创造出网格状的触觉。计算机中存储的力模式数据决定不同状态下的气压值，再现出碰触时各部位受力情况。

VR带来的真实痛觉

振动致动器和电脉冲对皮肤和神经末梢进行刺激，让人感觉到真实的痛感，实现影片中通过体感衣感受到打击疼痛的效果。

VR手套：不戴手套打雪仗。
微流体致动器挤压皮肤带来移动、质感以及重量等感觉。

VR手柄：热水洒手上。
主机控制器裹上极薄的热电半导体，调整电流提供4~40℃的温度变化。

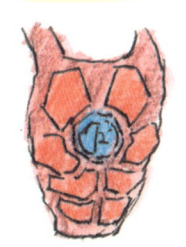

VR背心：肋骨被狠踹。
由动作捕捉传感器感测动作，VR背心中的12个振荡器带来各种打击感。

VR面具：当面一拳。
可粘在VR头显里面，震动触感点进行各种速度的震动，模拟捶打感觉。

07 《头号玩家》中的科学 多感官体验

嗅觉的生理结构

嗅觉是鼻腔受某种物质刺激后产生的生理反应。绝大多数气味由多种分子组成，每种分子激活相应的多个鼻腔最上端的气味受体并产生脉冲电信号，通过嗅小球和大脑信号传递组成一定的气味模式。

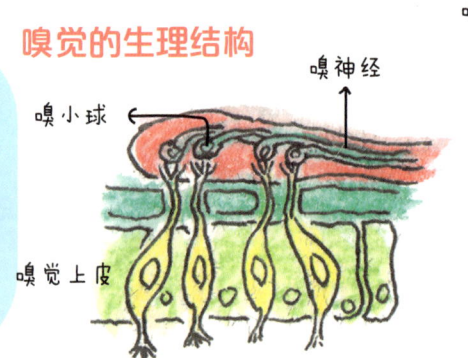

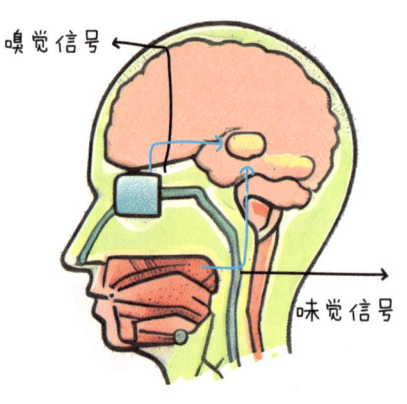

影片中闻到爆炸的火药味，尝到虚拟的食物味道，在现实生活中越发变得可能。

虚拟嗅觉的关键技术

①气味的生成和发送：根据气味源的不同物理属性，用不同的方法生成气味分子。

②气味的改变和驱除：气味分子较强的持续性和延留性易破坏虚拟环境的真实感。气味须随着场景变化而实时改变。

③虚拟嗅觉呈现器：

凸轮分度式香味生成装置：内嵌式转轮实现多种气体的混合输出。

电磁阀式香味生成装置：采用超声波将香味液体进行雾化，生成气味。

步进电机驱动式气味生成装置：定向定量送气机构实现多种气味的生成和传输。

模拟气味的多种方式

①编码：搜集气味数字信息
②传输：将编码传输到相应的设备上进行解码
③释放：在既定的时间，释放出相应时长、功率和距离的气味
④对释放的辅助技术：如对气味后续的处理

化学刺激模拟：根据VR场景发生的不同情况包含化学气味试剂的气味芯中发射不同的气味。通过接口控制气味的强度、切断气味。

电击刺激模拟：电流直接刺激鼻子深处的气味受体神经，无须填充化学品，理论上几乎可以复制任何气味。气味可以转换成一个数字文件，甚至通过互联网进行传输。

味孔

味觉受体细胞

味觉的生理结构

甜　咸　酸　苦

唾液溶解后的味觉物质和味蕾上味觉细胞的受体或蛋白相互作用，产生不同的味觉信号，由神经纤维细胞搜集并送到大脑进行整合分析，最终生成味觉感受。

虚拟味觉的关键技术

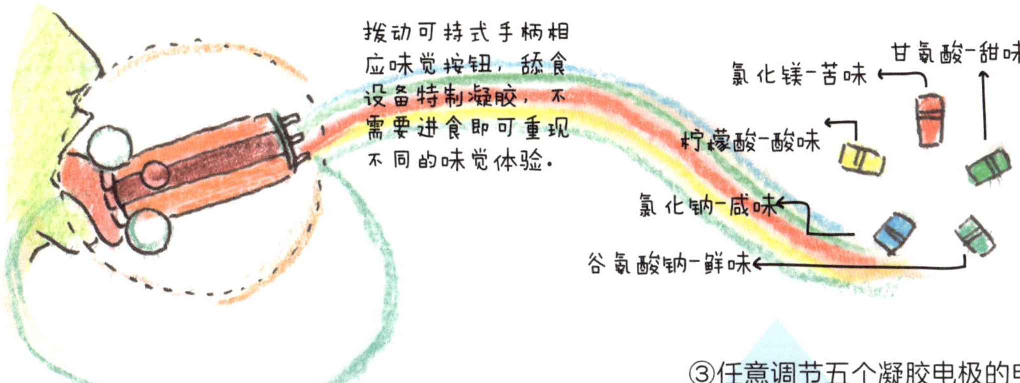

日本寿司卷合成器

拨动可持式手柄相应味觉按钮，舔食设备特制凝胶，不需要进食即可重现不同的味觉体验。

氯化镁-苦味
甘氨酸-甜味
柠檬酸-酸味
氯化钠-咸味
谷氨酸钠-鲜味

①在没有电压的情况下，凝胶棒一端轻压舌头后，人可立即感受到酸、甜、苦、咸、鲜五种基本味道。

③任意调节五个凝胶电极的电刺激，抑制相应基本味道的释放，尤其是通过不同组合，就能在舌端释放出不同的虚拟味道。

②控制器选择性施加微小的电流刺激，选定颜色凝胶棒，阳离子会在电流作用下移动到远端的阴极，与舌头接触的该颜色凝胶对应的味道就会明显减弱。

电子舌头
配备特殊的味道传感器，用来对不同的液体进行味觉识别。

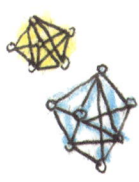

①电化学传感器阵列中每个电极覆盖的聚合物涂层用来捕获化学信息。

④"液体指纹"数据信息，上传到云端服务器进行智能分析后迅速得出结果。

②浸入不同的液体后，每个电极测量电压信号来检测液体中分子组合。

③所有电极对的电压信号汇总出组合电压信号。不同成分的液体，拥有独一无二的"液体指纹"。

08 《头号玩家》中的科学
虚拟表情追踪

面部表情识别

第一步：人脸图像的检测与定位

建立人脸模型，比较输入图像中的待检测区域与人脸模型的匹配程度，找到人脸存在的确切区域位置。

人脸特征分割：将人脸中的特征点分割出来，比如五官、发型。

基于特征检测方法利用的人脸信息：几何结构、肤色、人脸区域

背景分离：将人脸图像从背景中剥离出来。

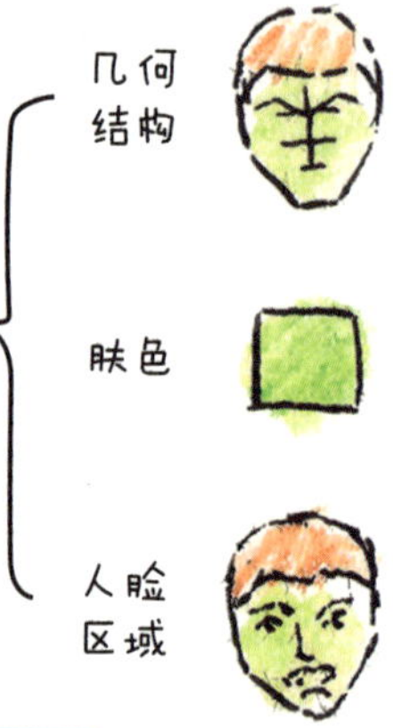

第二步：表情图像预处理

头部平移　头部旋转　人脸分割　定位跟踪

人脸表情图像在分类前进行标准化的预处理，采用信号处理的形式消除一些不必要变换的影响，如头部移动转向等。

第三步：表情特征提取

静态图像提取表情的形变特征，即表情的暂态特征。

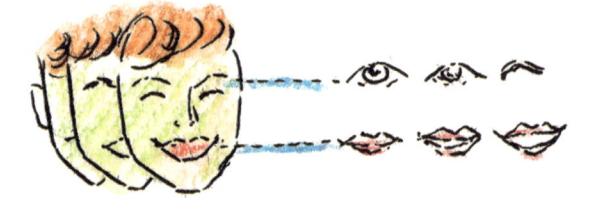

序列图像提取每一帧的表情形变特征和连续序列的运动特征。

形变特征提取依赖中性表情或模型，通过比较产生表情与中性表情来提取特征。如大笑时眼睛和平时眼睛的大小。

运动特征提取依赖于表情产生的面部变化，比如咧嘴大笑的过程。

第四步：表情分类

在样本集的基础上确定判别规则，新给定的对象根据已有的判别规则来分类，达到识别的目的。

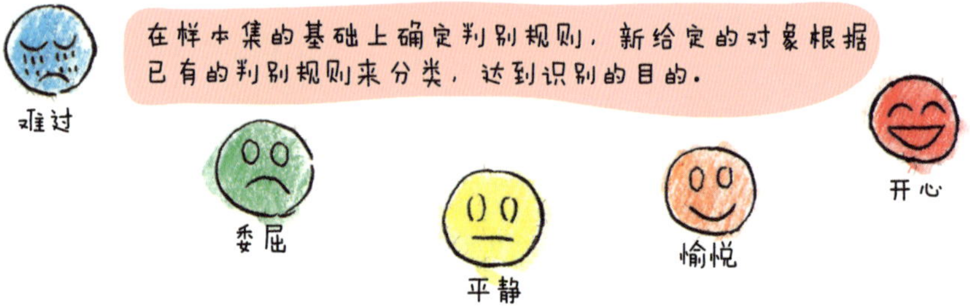

难过　委屈　平静　愉悦　开心

面部表情生成

人脸关键点检测：通过人脸关键点识别技术，帮助3D人脸重建，不管是哭还是笑都可以重现出来。

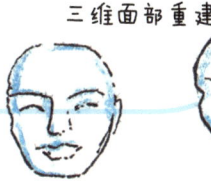

三维面部重建

二维信息　三维信息

信息融合：借助了3D结构恢复与3D信息融合，用3D重建技术恢复出3D结构，融合2D信息后，分析人脸特征，进而生成虚拟形象。

大规模人脸数据库：借助上万级3D人脸数据集，包含每个人的年龄段、人种、脸型和表情。

人脸属性分析　　多模态融合　　人脸表情分析

喜怒哀乐　　　　　　　　　　　配饰、发型、脸型

表情渲染：获得人脸关键点和实时重建的3D模型，把各种模态信息做建模、做对齐，求解出人脸的表情，驱动虚拟卡通形象做各种逼真的动作。

实时同步：将捕捉到的面部表情、动作的数据信息，实时转换成数字人物的表情动作，相当于用户可以在虚拟世界中生活。

眼球追踪：用VR头显内置的红外线传感器来跟踪用户的目光，可高精度跟随目光转换焦点，为当前所处视角提供最佳的3D效果，保证表情变化的实时性。

面部表情同步

追踪下颌、嘴巴：通过向外伸出的红外摄像机，识别下颌、嘴巴轮廓，捕捉嘴唇和下巴的运动和几何形状的变化，将这些变化转移到虚拟化身的脸上。

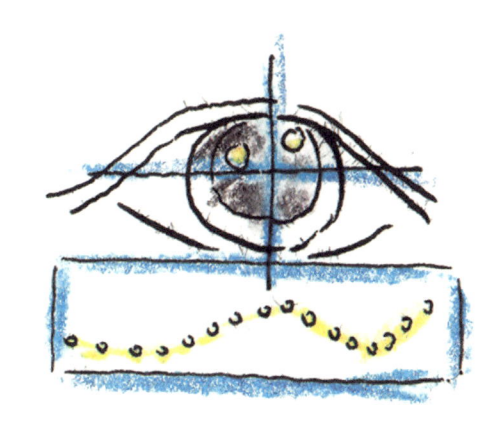

77

09 虚拟动作交互

《头号玩家》中的科学

眼动跟踪

普尔钦斑相对于瞳孔的位置不断变化。

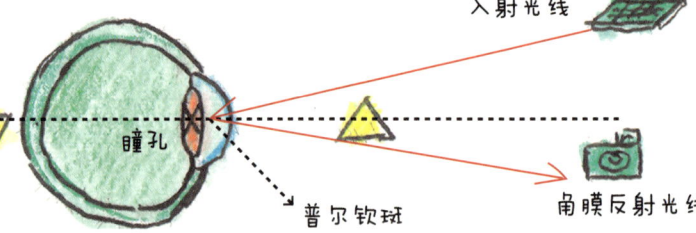

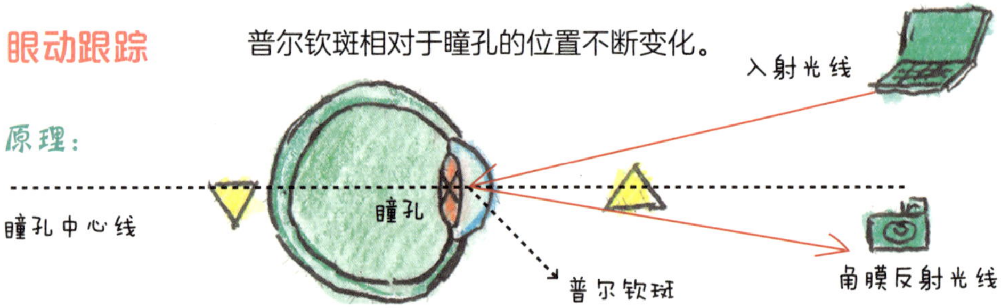

盯着摄像头时，普尔钦斑在瞳孔之间，抬起头时移到瞳孔下方。

原理：

瞳孔中心线　　瞳孔　　入射光线　　普尔钦斑　　角膜反射光线

实时定位眼睛图像上的瞳孔和普尔钦斑的位置，计算出角膜反射向量，利用几何模型估算用户的视线方向。再基于前期定标过程中建立的特征关系，眼动仪就能判断出用户究竟在看屏幕上的什么内容。

人眼识别装置　　注视点

① 人眼识别装置包括照明系统、相机、图像检测处理单元、3D人眼模型与核心算法。
② 通过近红外生成瞳孔所见图像。
③ 通过相机捕捉生成的图像。
④ 运用图像处理算法精确估计眼睛在空间的位置和凝视点。
⑤ 通过3D运算模型对眼睛位置和注视点进行计算，将结果反馈在屏幕上。

手势识别

通过数学算法来识别人类手势，用户可以使用简单的手势来控制或与设备交互，而无须接触它们。像电影中直接伸手抓握，就能在虚拟场景里操作方向盘驾驶汽车。

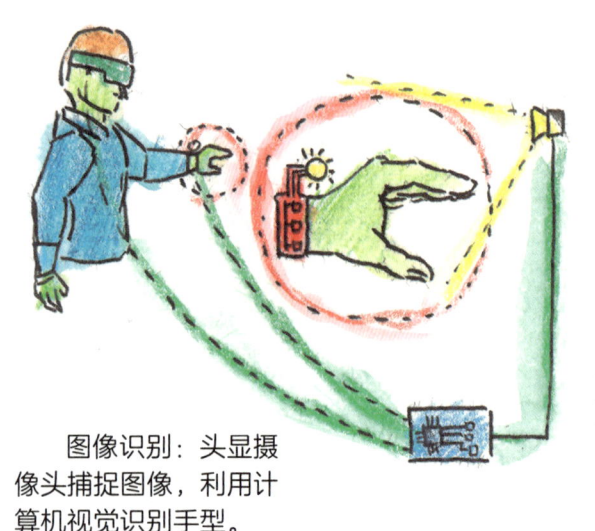

① **数据采集或手势图像收集阶段：** 将手部、身体或者脸部的动作输入数据进行分类采集。

② **手势图像预处理阶段：** 利用边缘检测、滤像和归一化处理等技术捕捉主要的手势特征，并输入模型。

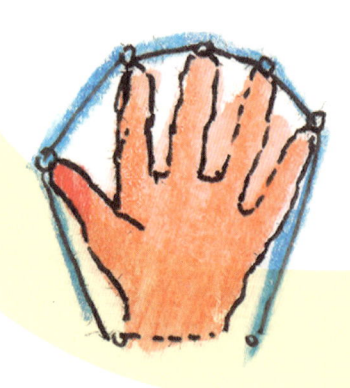

图像识别：头显摄像头捕捉图像，利用计算机视觉识别手型。

《头号玩家》中男主角面对面可以看到一起跳舞的女伴，环顾四周可以看到周围的人员。依靠头部跟踪技术实现场景变换。

头部跟踪技术可以改变图像的视角，用户的视觉系统和运动感知系统之间就可以联系起来。

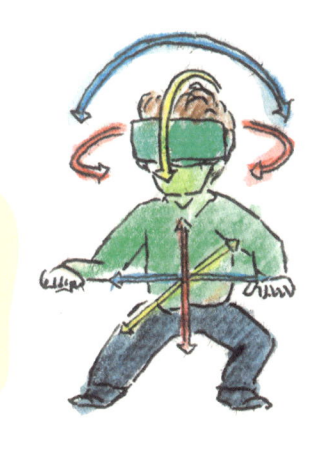

头部跟踪

融合陀螺仪、加速计和磁力仪等传感器信息，确定用户在真实世界中头部的位置，并实时同步用户的虚拟视角。

位置跟踪传感器可以精确定位和描绘偏移运动、倾斜和翻转运动。

头部跟踪传感器

陀螺仪：跟踪沿着一条轴的微小偏移，提供准确的物体旋转信息。

加速度计：一是检测重力，让头盔知道上方是哪个方向。智能手机自动转换横竖屏靠的就是加速度计。

二是测量沿着一个轴的加速度可提供运动相关数据，让头盔知道对象运动的速度。

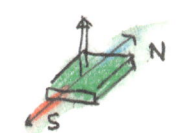

磁力计：可以测量地球的磁场，可确保它指向的是正确的方向，防止出现"偏移"错误。

④ **识别阶段**：成功提取手势特征的图像跟踪后，数据储存在由复杂神经网络或决策树构建的系统中，并进行该手势意义及命令的判断与分析工作。

③ **图像追踪阶段**：对预处理图像进行深入追踪，通过磁性、光学、声学、惯性等传感器捕获具体动作的方向，确定运动对象的空间位置。

深度传感器：发射和接收红外线，根据收发时间差得出距离。

结合发射角度得到空间点的位置，绘制手势深度扫描图。

虚拟按钮

虚拟滑块

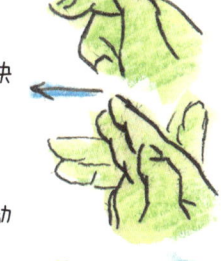

左右移动

上下移动

10 虚拟社交互动

《头号玩家》中的科学

社交：是"社会交往"的简称，指在一定的历史条件下，个体之间相互往来，进行物质、精神交流的社会活动。

社交网络：是"在线社交网络"的简称，是通过互联网应用发展起来的社交形态方式，它提供了一个在人群中分享兴趣、爱好、状态和活动等信息的在线平台。社交网络对人类社会活动的方式、效率等产生了深远影响。

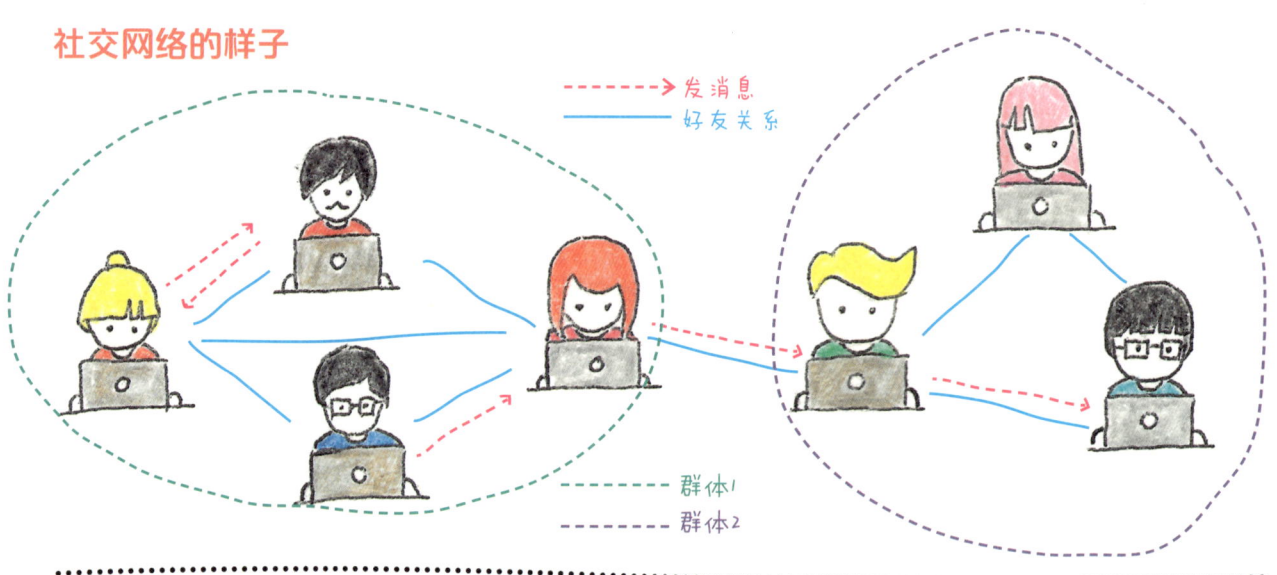

社交网络的样子

- - -> 发消息
——— 好友关系
群体1
群体2

在线社交的发展历程

1971 美国BBN公司的汤姆林森发送了第一封电子邮件。

ICQ 全球第一款即时通信软件。

1996 OICQ 中国成功的即时通信软件，QQ的前身。

1999 Facebook 全球最大社交网站。

2004 Twitter 美国社交网络及微博客网站，全球互联网中十大访问量网站之一。

2006 新浪微博 中国极具影响力的社交媒体之一。

2009 微信 中国最受欢迎的社交软件。

2011 快手 中国第一个上市的短视频社交平台。

2011

2016 抖音 中国极受欢迎的短视频社交平台之一。

虚拟现实社交：是一种虚拟线下社交，它使人们随时可以虚拟见面。它是"线下社交"的替代品，比在线社交更加真实，而非简单的增强交流。甚至在虚拟世界中，人们也需要通过社交网络来与朋友沟通。

变换形象：可以根据自己的喜好在虚拟现实中变成任何其他的身份和样子。

表情同步：通过图像映射，可以实现现实中人物的表情与虚拟人物的表情同步，让虚拟现实社交更加真实。

动作同步：通过穿戴设备，让现实中的人物的行为和操作与虚拟现实同步。

感受同步：在虚拟现实中，可以让身处异地的多个人物，像近在咫尺一样地交流互动。

? 下面的问题你思考过吗?

1. 如果你可以建造一个虚拟世界,你想把它设计成什么样子?

2. 你使用过虚拟现实的装备吗?你最想通过什么装备进入虚拟世界?

3. 你如何分辨自己是在真实世界还是在虚拟世界?

4.如果你所处的虚拟现实中出现故障,会对真实世界中的你产生什么影响?

5.设想一下,怎样才能把你脑中所想的虚拟世界通过虚拟现实实现?

6.你认为未来人们是否能够在虚拟现实中工作、学习、生活?为什么?

7.你认为长期沉浸在虚拟现实中会对人产生哪些副作用?

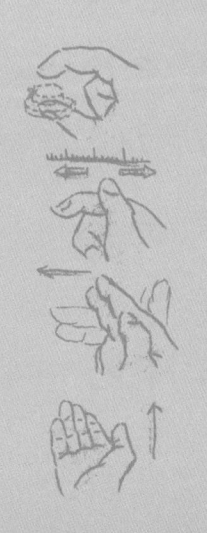

附录

科学家奶爸的 AI 手绘
知识点检索

01. 智能大脑 / P.06
02. 机器学习 / P.08
03. 深度学习 / P.10
04. 虹膜识别 / P.12
05. 信息检索 / P.14
06. 知识图谱 / P.16
07. 智能问答 / P.18
08. 图灵测试 / P.20
09. 智能穿戴 / P.22
10. 智慧医疗 / P.24
11. 化石复原 / P.34
12. 类脑芯片 / P.36
13. 脑电信号采集 / P.38
14. 脑电信号处理 / P.40
15. 脑机接口 / P.42

16. 万物智联 / P.44
17. 群体智能 / P.46
18. 异体操控 / P.48
19. 全息投影 / P.50
20. 智能外骨骼 / P.52
21. 虚拟现实 / P.62
22. 虚拟现实设备 / P.64
23. 虚拟场景构建 / P.66
24. 虚拟视觉绘制 / P.68
25. 虚拟声音渲染 / P.70
26. 虚拟触觉反馈 / P.72
27. 多感官体验 / P.74
28. 虚拟表情追踪 / P.76
29. 虚拟动作交互 / P.78
30. 虚拟社交互动 / P.80

图书在版编目（CIP）数据

科幻电影中的科学 . 科学家奶爸的 AI 手绘 / 王元卓，陆源著 . — 北京：科学普及出版社，2021.7（2025.1 重印）
ISBN 978-7-110-10258-9

Ⅰ . ①科… Ⅱ . ①王… ②陆… Ⅲ . ①科学知识 – 少儿读物 Ⅳ . ① Z228.1

中国版本图书馆 CIP 数据核字（2021）第 110349 号

策划编辑	郑洪炜　牛　奕
责任编辑	郑洪炜
封面设计	长天印艺
正文设计	长天印艺
责任校对	邓雪梅
责任印制	徐　飞

出　　版	科学普及出版社
发　　行	中国科学技术出版社有限公司
地　　址	北京市海淀区中关村南大街 16 号
邮　　编	100081
发行电话	010-62173865
传　　真	010-62173081
网　　址	http://www.cspbooks.com.cn
开　　本	787mm×1092mm　1/16
字　　数	70 千字
印　　张	6.25
版　　次	2021 年 7 月第 1 版
印　　次	2025 年 1 月第 4 次印刷
印　　刷	北京瑞禾彩色印刷有限公司
书　　号	ISBN 978-7-110-10258-9 / Z·246
定　　价	58.00 元

（凡购买本社图书，如有缺页、倒页、脱页者，本社销售中心负责调换）